国家社科基金青年项目"博弈视角下横向兼并的反竞争效应及反垄断规制研究"（12CJY049）

张曦 ◎ 著

博弈视角下
横向兼并的反竞争效应
及反垄断规制研究

BOYI SHIJIAOXIA
HENGXIANG JIANBING DE
FAN JINGZHENG XIAOYING
JI FANLONGDUAN GUIZHI YANJIU

中国财经出版传媒集团
经济科学出版社
Economic Science Press

图书在版编目（CIP）数据

博弈视角下横向兼并的反竞争效应及反垄断规制研究/
张曦著．—北京：经济科学出版社，2017.9
ISBN 978 - 7 - 5141 - 8542 - 3

Ⅰ. ①博…　Ⅱ. ①张…　Ⅲ. ①企业兼并 - 市场竞争 -
反垄断法 - 研究　Ⅳ. ①F27②D912. 29

中国版本图书馆 CIP 数据核字（2017）第 251775 号

责任编辑：李　雪
责任校对：郑淑艳
责任印制：邱　天

博弈视角下横向兼并的反竞争效应及反垄断规制研究
张　曦　著
经济科学出版社出版、发行　新华书店经销
社址：北京市海淀区阜成路甲 28 号　邮编：100142
总编部电话：010 - 88191217　发行部电话：010 - 88191522
网址：www. esp. com. cn
电子邮件：esp@ esp. com. cn
天猫网店：经济科学出版社旗舰店
网址：http://jjkxcbs. tmall. com
固安华明印业有限公司印装
710 × 1000　16 开　13. 25 印张　200000 字
2017 年 12 月第 1 版　2017 年 12 月第 1 次印刷
ISBN 978 - 7 - 5141 - 8542 - 3　定价：46. 00 元
（图书出现印装问题，本社负责调换。电话：010 - 88191510）
（版权所有　侵权必究　举报电话：010 - 88191586
电子邮箱：dbts@ esp. com. cn）

前　　言

　　大厂商间的横向兼并因其可能产生的单边效应和协调效应而历来被反垄断当局高度重视。在目前的反垄断实践中，如何分析横向兼并可能引发的单边效应、协调效应以及采用什么样的反垄断审查证据标准等一系列问题都亟须经济理论的指导，然而理论界在横向兼并的单边效应、协调效应以及资产剥离的有效性等方面仍存在较大争议，需要借助博弈论和 MATLAB 仿真模拟技术进行深入研究。

　　正是基于以上问题，本书从博弈的视角，借助仿真模拟技术对横向兼并中的反竞争效应及反垄断规制的几个重要问题进行了有益的探索，得到如下几个重要结论：（1）与单边市场的并购理论不同，双边市场上横向兼并的成本节约对价格的影响非单调，并依赖于交叉网络外部性；强交叉网络外部性可诱使兼并厂商降低市场价格，从而增加消费者福利；但如果交叉网络外部性较弱，效率抗辩仍然是必要的。（2）在成本不对称市场上，一项可以增进行业内大厂商间资产规模/成本对称性却又对最大厂商和最小厂商的地位不构成影响的中间厂商间的横向兼并，尽管其可显著改进兼并厂商的效率，增加生产者剩余，但它将引发部分合谋并产生显著的单边效应。这一发现证实了标准合谋理论关于对称性有助于合谋的观点，但与基于全体合谋的理论却是不一致的。（3）在私人执法的情形下，为有效抑制反垄断审查中的寻租问题，反垄断当局采纳的证据标准并非越高越好。一个适中的证据标准需要权衡其对反垄断审查官员客观犯错的影响和其受贿后被查实的可能性的影响。过高的证据标准将增加兼并厂商与反垄断审查官员合谋的动机，不利于寻租问题的解决。（4）在成本不对称情形下，向在位竞争者剥离资产是无效的，而向潜在进入者剥离资产的有效性主要取决于兼并所获得的效率改进类型与潜在进入者的技术水平。其中，潜在进入者的技术水平高于行业最低水平是资产剥离有效的必要条件。

需要指出的是，本书作为笔者主持的国家社科基金（12CJY049）的最终结果，虽然得到匿名评审专家的肯定，并给予了良好的评价，但书中的研究结论均是通过理论建模和数值模拟得到的，是否能够很好地解释现实经济生活中发生的横向兼并案例，尚不得而知，需要通过真实案例予以验证。因此，后续研究将进一步搜集材料，通过对中外一些重大的、有影响的横向兼并案例的实证分析，来对上述理论的正确性进行检验。

中国横向兼并反垄断实践中显现出的大量问题亟须理论和实证研究的进一步深化，本书仅仅是对几个重要理论问题的一个探索，欢迎广大读者对书中存在的错误与不足之处予以批评指正。

张 曦

2017 年于哈尔滨

目 录
Contents

第 1 章

绪　　论

1.1　选题依据

在风起云涌、规模巨大的第五次全球并购浪潮下，中国也出现了数量众多、涉及金额巨大的横向兼并案例，而且横向兼并已成为外资进入中国的一个重要方式，并逐渐呈现出替代"绿地投资"的趋势（张曦，2016）①。由于横向兼并将破坏现有市场结构，易于增强兼并厂商的市场势力并形成反竞争效应，各国政府对大规模的横向兼并历来予以高度重视。对中国而言，横向兼并还是一个相对新鲜的经济现象，需要在相关理论的指导下出台一系列的法律、法规来应对由此可能导致的反竞争效应——单边效应与协调效应（合谋效应）。于是，为了维护竞争秩序和保护消费者福利免受侵害，一部被西方国家誉为经济宪法的法律——《中华人民共和国反垄断法》，在几经周折后终于在 2007 年 8 月 30 日由中华人民共和国第十届全国人民代表大会常务委员会第二十九次会议通过，2008 年和 2009 年国务院和商务部又分别出台了《国务院关于经营

---

① 张曦著：《横向兼并的反垄断分析》，中国财政经济出版社 2016 年第 1 版，第 2~3 页。

者集中申报标准的规定》、《经营者集中申报办法》、《经营者集中审查办法》和《国务院反垄断委员会关于相关市场界定的指南》等相关配套细则。然而，从现已颁布的法律条文看，都是一些原则性的规定，在执行时还需要进一步的解释。轰动一时的可口可乐并购汇源果汁案的反垄断审查结果就因为裁决理由的不够充分而引发业界和学界很大的争议。究其原因，主要在于理论上对下列重要问题尚未达成共识，分歧较大：横向兼并的福利效应如何？横向兼并是否必然会产生合谋效应？如果不是，那么在什么条件下会产生合谋效应？什么是合意的横向兼并反垄断审查控制标准？在考虑到效率因素的前提下，对有些并不能满足审查控制标准的横向兼并案例该如何处理？现实中经常出现有条件通过审批的情形，那么相应的补救措施是否可以真正起到恢复竞争的作用？显然，对这一系列问题的解答，不仅具有重要的理论意义，而且具有重要的现实意义和实践应用价值。

1.2　项目的科学意义与学术价值

由于相关法律法规的原则性规定，在目前的反垄断实践中，如何来衡量横向兼并可能引发的单边效应等反竞争效应以及采用什么样的反垄断审查标准等一系列问题都亟须经济理论的指导，然而理论界在横向兼并的合谋效应、合意的反垄断审查标准、资产剥离的有效性等方面仍存在较大争议，这就凸显出本项目研究的重要科学意义与学术价值。

理论方面，本研究成果将对双边市场上横向兼并的福利效应进行探究，以期进一步丰富该领域的研究；系统分析部分合谋市场上横向兼并的协调效应，以进一步完善产业组织理论中关于横向兼并协调效应的研究；厘清总福利标准与消费者福利标准之争背后的经济学逻辑，确定合意的反垄断审查标准；进一步明晰不对称条件下资产剥离的有效性。反垄断实践方面，本研究成果将为反垄断当局提供有价值的理论参考，有利于其确定合意的反垄断审查证据标准，设计出科学合理的信息披露机制，合理运用资产补救措施，使得通过审查的横向兼并既能预防协调效应，又不至于产生单边竞争效应，同时不损害消费者福利水平。

1.3 横向兼并概念界定

对横向兼并的界定首先要区分两个重要的概念：兼并与并购。通常意义上，兼并是指一个企业或厂商（以下这两个概念可以互换）吸收一个或多个独立的企业组成一个企业的行为；并购则是兼并与收购的统称，它包括兼并，但比兼并的范围要广。一般将一家企业以一定现金、股权等为代价和成本取得另外一家或几家独立企业的经营控制权和全部或部分资产所有权的行为称之为并购。兼并与并购的区别主要在于对被兼并企业的控制程度不同，兼并的发起者要求获得被兼并企业的全部资产和完全的经营控制权，而并购的发起者往往只要求获得被兼并企业的控股权。

按照发起兼并的厂商是否继续存活可将兼并划分为吸收兼并和新设兼并两种类型。在吸收兼并中，发起兼并的厂商一般处于优势地位，从而作为最终厂商存续了下来，但在新设兼并中，兼并发起者与被兼并者同时消失，重新设立一个新的厂商。按照兼并发生的行业，又可将兼并区分为横向兼并、纵向兼并和混合兼并三种类型。其中，横向兼并又称为水平兼并，指发生在同一行业内不同竞争厂商①间所进行的兼并。本研究的理论分析仅仅针对发生同一行业内企业间的横向兼并，除特殊说明外，假设所有的兼并均是吸收兼并，而非新设兼并。

---

① 同一行业内的厂商不生产跨行业和/市场的产品。

1.4 研究方法与技术路线

理论创新的主要目的是构建能够有效解释经济现象的理论体系，在此基础上提供可供政府决策参考的政策框架。为此，本研究将依托产业组织理论，采用博弈论建立理论模型，并辅之以必要的数值模拟方法进行实证研究，从而保证研究的规范性、科学性、系统性和可操作性。具体的技术路线如图 1-1 所示。

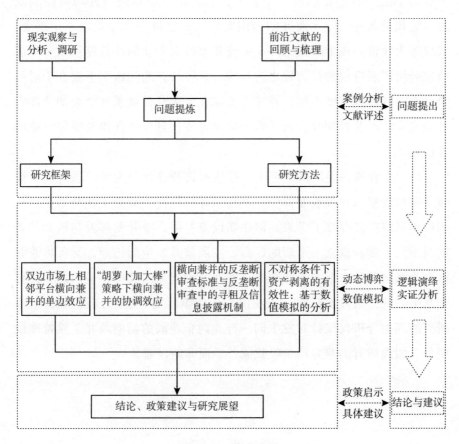

图 1-1 技术路线

1.5　可能的创新之处

本项目通过对相关文献的系统梳理，在已有理论研究的基础上进行拓展研究，实现理论的边际创新，并在以下几个方面有所创新：

（1）针对双边市场横向兼并的单边效应研究不足问题，在一个四平台框架中对两个相邻平台间横向兼并的福利效应进行分析，结果发现：与单边市场的并购理论不同，双边市场上横向兼并的成本节约对价格的影响非单调，并依赖于交叉网络外部性；强交叉网络外部性可诱使兼并厂商降低市场价格，从而增加消费者福利；但如果交叉网络外部性较弱，效率抗辩仍然是必要的，因为在这种情况下，厂商效率的提高有可能足以大于兼并后消费者福利的下降。

（2）针对扳机策略要求太过严格从而不太可信的问题和厂商间成本不对称的现实，本研究基于"胡萝卜加大棒"策略对中间厂商间横向兼并的协调效应进行了理论建模与推导，结果发现：在厂商成本不对称、不允许单边支付和简单的两阶段最优惩罚策略的条件下，一项可以增进行业内大厂商间资产规模/成本对称性却又对最大厂商和最小厂商的地位不构成影响的中间厂商间的横向兼并，虽然可显著改进兼并厂商的效率，增加生产者剩余，但更重要的是，这种类型的兼并不仅将引发合谋效应，形成部分合谋，而且同时还将产生显著的单边效应。这在一定程度上证实了传统合谋理论洞见的正确性。不过，最小厂商的规模越大或成本越低，部分合谋的价格上涨效应与消费者福利下降效应都将在一定程度上得到抑制或减弱，这与基于全体合谋的理论是不一致的。在全体合谋的条件下，最小厂商的规模越大，其背离合谋的动机越小，合谋越易于形成和维持，因此价格上涨效应和消费者福利下降效应会更大。但在部分合谋市场上，最小厂商的规模越大，其与合谋集团的竞争力就越强，对部分合谋集团的约束就越强，从合谋集团窃取的产量就将越高，从而可以在一定程度上减轻价格上涨的幅度，缓减部分合谋对消费者福利的损害效应。

（3）针对反垄断审查中客观存在的信息不对称、兼并可能获得的效率的难以验证性等导致的反垄断审查中的寻租问题，本研究在一个博弈分析框架下讨论了私人执法的情形下，反垄断当局所采用的证据标准对抑制反垄断审查中寻租现象的影响。与一般思维的直观推导结果不同，本研究的结果表明，在消费者福利标准和合理推定原则下，反垄断当局采纳的证据标准并非越高越好。一个适中的证据标准需要同时考虑其对反垄断审查官员客观犯错的影响和对消费者赢得诉讼的可能性的影响。当证据标准足够高时，高标准虽然可以在很大程度上避免反垄断审查官员犯错，但同时也显著增加了效率不达标的兼并厂商的反竞争行为逃脱法律制裁的可能，这将增加兼并厂商与反垄断审查官员合谋的可能，从而使得本不该通过审查的兼并申请得以放行，消费者福利受到侵蚀。因此，反垄断当局在对横向兼并中的反垄断审查证据标准进行制度设计时，应考虑尽可能地简化而非复杂化证据标准，实行相对简单的证据标准。

（4）将有形的资产和无形的技术同时内嵌于厂商的成本函数，对厂商各种不对称情形下的资产剥离有效性进行了系统分析，进一步明晰了资产剥离有效性的条件。基于三寡头市场的研究表明：第一，在厂商技术相同、资产不同的情形下，如果行业技术水平不是特别高，横向兼并总是可以增加行业总产量，降低市场均衡价格，增加社会总福利。因而，在不引发协调效应的前提下，无须进行资产剥离。但是，在行业技术特别先进的情形下，这种类型的兼并将产生单边效应，且资产剥离措施无效。第二，在技术不同、资产相同的情形下，向在位的竞争厂商剥离资产均不可能消除横向兼并所产生的单边效应，但向潜在进入者剥离资产，其有效性受兼并可能获得的效率类型以及潜在进入者的技术水平的影响。第三，在厂商的技术和资产均不对称的情形下，效率相对落后厂商间的横向兼并虽然可以提升效率，但同时也增大了默契合谋的可

能。此时，只能通过向潜在进入者剥离资产来消除横向兼并可能引发的协调效应，实现保护消费者利益的目的。在这种情形下，资产剥离的有效性取决于潜在进入者的技术水平。当且仅当潜在进入者的技术水平高于行业在位者最低水平时，该补救措施才是有效的，而且潜在进入者的技术水平越高，符合消费者福利标准的最低合意资产剥离数量越小，二者呈反比关系。

第 2 章

文 献 综 述

2.1 横向兼并的单边效应

对横向兼并单边竞争效应的研究既包括针对传统单边市场的研究，也包括针对新兴的双边市场的研究。其中，对单边市场的研究又可进一步分为两大类：一次性博弈的静态研究和考虑后续行动的动态研究。而一次性博弈的静态研究大致主要又沿着三条路径进行：第一，基于古诺模型研究同质产品市场上厂商间横向兼并的获利性与福利变化；第二，基于 Bertrand 模型研究差异性产品市场上厂商间横向兼并的获利性与福利变化；第三，运用拍卖和讨价还价模型来研究通过投标程序或谈判来决定价格的厂商间横向兼并的获利性与福利变化。

2.1.1 单边市场上横向兼并的单边效应

2.1.1.1 古诺模型

对横向兼并单边效应的开创性研究始于萨伦特等（Salant，Switzer & Reynolds，1983）的古诺寡头垄断竞争模型（以下简称 SSR 模型）。SSR

模型在产品需求函数为线性、厂商具有对称的不变边际成本和没有产能限制的条件下，得出没有成本协同效应的古诺寡头垄断竞争行业中不存在横向兼并动机，除非参与兼并的厂商占据了整个行业厂商数量的80%以上①。由于SSR模型的结论与现实不符，无法解释全球范围的几次兼并浪潮，遭到众多学者的质疑。

针对SSR模型的缺陷，一个似乎可行的研究方向是允许进行兼并的各方拥有可以以某种方式有效结合的资产。沿着这种思路，佩里和波特（Perry & Porter，1985）② 将资产引入了成本函数，构建了一个二次成本函数的古诺模型（以下简称P&P模型）。在P&P模型中，厂商拥有的资本量越多，规模越大。当两个厂商合并后，资本量的增加将导致边际成本的下降，进而在与市场上其他厂商竞争中处于优势。与SSR模型的不变边际成本模型相比，P&P模型中的竞争对手由于其边际成本随产量的增加而上升，产量扩张能力要小，因此横向兼并似乎总是有利可图的。这一研究颠覆了SSR模型的研究结论。Chang和Harrington（1988）③ 在佩里和波特的研究框架下引入了耐用资本品的不可逆投资。耐用资本给予了兼并厂商一定的成本竞争优势，同时也提高了沉淀成本。与未参与兼并的竞争对手相比，兼并者的不可逆投资导致的沉淀成本的增加减少了来自于兼并的潜在成本节约，进而降低了兼并获利的可能性。

与上述基于线性需求等特定的市场假设条件进行建模分析不同，Farrell和Shapiro（1990）④ 在总结SSR模型和P&P模型研究的基础上，

① Salant, S. W., Switzer, S. and Reynolds, R. J. Losses from Horizontal Merger: The Effects of an Exogenous Change in Industry Structure on Cournot – Nash Equilibrium [J]. *Quarterly Journal of Economics*, 1983, 98: 185 – 199.

② Perry, M. K. and Porter, R. H. Oligopoly and the Incentive for Horizontal Merger [J]. *American Economic Review*, 1985, 75: 219 – 227.

③ Chang, Myong – Hun and Harrington, Joseph E. The Effects of Irreversible Investment in Durable Capacity on the Incentive for Horizontal Merger [J]. Southern Economic Journal, 1988, 55: 443 – 453.

④ Farrell, J. and Shapiro, C. Horizontal Mergers: An Equilibrium Analysis [J]. *American Economic Review*, 1990, 80: 107 – 126.

基于一般性的需求函数和成本函数的标准古诺模型，对古诺寡头垄断竞争市场中横向兼并的价格和福利效应进行了全面系统的分析（以下简称F&S模型）。如果横向兼并不能产生成本协同效应，兼并后的新厂商在内部合理安排生产所带来的收益不足以抵消涨价的动机，兼并将导致参与兼并的厂商削减产量、提升价格，而未参与兼并的厂商将扩大产量，但总的效应是：行业总产量下降，价格上涨。如果兼并使古诺竞争行为向合谋行为转变，价格上升的幅度将更大。只有当兼并获得足够大的效率改进时（主要体现为边际成本的下降），兼并才会导致兼并后的市场均衡价格下降。进一步，参与兼并的厂商的市场份额越大，兼并导致市场价格下降要求兼并必须获得更多的协同效应——规模或学习效应。因此，如果兼并能够有效利用规模经济或学习效应，兼并将导致产出增加和价格下降的合意福利效应。Farrell 和 Shapiro（1990）的研究为判断横向兼并是否改善社会福利提供了充分的判据。由于其结论是在一般性的假设条件下获得的，因此具有一定的普遍性，为后续的横向兼并研究确定了基本构架。

无论是 SSR 模型，还是 P&P 模型或 F&S 模型，都只关注兼并的产量或价格效应，而忽视了兼并中进入的影响[1]。Werden 和 Froeb（1998）[2] 在假定市场自由进入（不存在斯蒂格勒所指出的各种进入壁垒）、不存在在位者运用战略行为阻止进入等条件下，发现在一个同质产品的对称古诺模型中（以下简称 W&F 模型），兼并所产生的高价格似乎不足以吸引潜在进入者的进入。进入必然导致行业价格的下降，使得没有协同效应的兼并者无利可图，因而有利可图的兼并必然导致价格上

---

① 可行竞争理论认为，只要市场可以自由进入，在潜在进入者进入的威胁下，在位者的价格将接近于边际成本，因此，自由进入可以抵消厂商的市场势力（参见 Baumol，William J. Contestable Markets：An Uprising in the Theory of Industry Structure ［J］. *The American Economic Review*，1982，72：1 – 15）。受芝加哥学派这种理论的影响，美国法院认为只有可以自由进入，横向兼并的反竞争效应才可以被进入的威胁所抵消。

② Werden，G. J. and Froeb，L. M. The Entry – Inducing Effects of Horizontal Mergers：An Exploratory Analysis ［J］. *The Journal of Industrial Economics*，1998，46：525 – 543.

涨。*Vives*（2002）[①] 通过对古诺市场上 Bayesian Cournot – Nash 均衡解下私人信息和战略对效率影响的研究发现：在自由进入的情况下，由私人信息所导致的价格扭曲消失的速度要远慢于市场势力所导致的价格扭曲的消失速度。随着厂商数目的增加和市场容量的扩张，基于市场势力的价格扭曲将很快消失。

Spector（2003）进一步拓展了 Farrell 和 Shapiro（1990）与 Werden 和 Froeb（1998）的研究。Spector 的研究结论认为，如果参与兼并的厂商在兼并前的产量严格为正、兼并收益严格为正且不产生技术协同效应，即便可能引发进入和避免固定成本的重复投入，兼并也将导致价格上涨[②]。这就意味着不必考虑进入条件，如果兼并不能产生协同效应或源于固定成本之外的规模经济效应，有利可图的兼并必然通过高价损害消费者。此外，如果规模经济仅仅源自于固定成本的存在，基于兼并可以使厂商发挥规模经济优势的效率辩护是不能令人信服的。尽管消除固定成本的重复投入可以使兼并增加总福利，但如果兼并不能产生协同效应，这样的兼并必然损害消费者。

与 Spector 假设厂商间成本不同和递增的边际成本不同，Davidson 和 Mukherjee（2007）[③] 假定兼并前所有厂商的边际成本对称相等。在这样的前提下，Davidson 和 Mukherjee 发现：一是如果厂商间进行产量竞争且没有进入的沉淀成本，导致任何程度成本协同效应的兼并都是可获利的；二是伴随着自由进出，不存在"搭便车"问题；三是横向兼并对均衡价格没有影响；四是所有对兼并者有利可图的兼并同样也是对社会有益的。

① Vives, X. Private Information, Strategic Behavior, and Efficiency in Cournot Markets [J]. *The RAND Journal of Economics*, 2002, 33: 361 – 376.

② Spector, D. Horizontal Mergers, Entry, and Efficiency Defenses [J]. *International Journal of Industrial Organization*, 2003, 21: 1591 – 1600.

③ Davidson, C. and Mukherjee, A. Horizontal Mergers with Free Entry [J]. International Journal of Industrial Organization, 2007, 25: 157 – 172.

此外，Norman 和 Pepallt（2000）[①] 研究了空间差异市场上的古诺均衡下两个厂商兼并的获利性和区位效应。由于两厂商的兼并可以协调他们的区位决策，因此一般总是可获利的。可获利的两个企业间的兼并减少了竞争压力，导致更高的价格和消费者剩余的减少，但是兼并通过增加兼并厂商和未参与兼并厂商的区位效率和利润而增加了总剩余。

2.1.1.2 Bertrand 模型

Bertrand 式的兼并因其相对于古诺式的兼并而言竞争更为激烈，反竞争效应小一些，与现实环境更为接近，所以在反垄断分析中应用更为广泛。

Deneckere 和 Davidson（1985）[②] 基于 Bertrand 寡头垄断竞争模型（以下简称 D&D 模型），在成本相同和需求对称的假设前提下，研究了从事差异性产品生产的厂商进行横向兼并的获利性问题。通过价格博弈，兼并厂商总是能够从兼并中受益。这一方面得益于兼并者吸收了负的外部性，另一方面归因于厂商向上倾斜的反应曲线，未参与兼并的"局外人"强化了来自兼并者的价格上涨效应。在一定的需求条件下，兼并总是对所有的厂商有益，而且兼并的规模越大，收益越高。如果没有反垄断政策的干预，整个行业将朝着垄断方向集中[③]。

Levy 和 Reitzes（1992）[④]（以下简称 L&R 模型）构建了一个局部空间竞争模型，仍然是在假设成本相同和需求对称的前提下，分析了战略互补和产品差异不对称市场上兼并的反竞争问题，结果发现即便是没有效率激励，厂商仍然有相当大的兼并动机去获取反竞争收益。

[①] Norman, G. and Pepallt, L. Profitable Mergers in a Cournot Model of Spatial Competition [J]. *Southern Economic Journal*, 2000, 66: 667 – 681.

[②] Deneckere, R. and Davidson, C. Incentives to Form Coalitions with Bertrand Competition [J]. The RAND Journal of Economics, 1985, 16: 473 – 486.

[③] 值得指出的是，在 D&D 模型中，由于未参与兼并的厂商可以从竞争对手的兼并中获得更多利润，出现了"搭便车"现象，这就出现了"兼并悖论"——谁去发起兼并？因为每一个厂商都宁愿作为"局外人"享受更多的收益而非作为"局中人"去发起兼并。

[④] Levy, D. T. and Reitzes, J. D. Anticompetitive Effects of Mergers in Markets with Localized Competition [J]. *Journal of Law, Economics, & Organization*, 1992, 8: 427 – 440.

无论是 D&D 模型还是 L&R 模型都没有解释清楚与市场份额、需求弹性以及其他反垄断审查中强调的因素相关的兼并的价格和福利效应，这部分归因于他们考虑的仅仅是成本相同和需求对称的情形，而事实上，产品差异化行业往往是高度不对称的。在 D&D 模型和 L&R 模型研究基础上，Werden 和 Froeb（1994）[①] 基于 Logit 需求分析了规模不对称情形下单一品牌竞争者间的横向兼并，发现兼并总是导致行业中所有的产品价格上涨，但是不同产品的涨幅相差甚远。如果参与兼并的厂商规模不同，则兼并对他们产品的价格效应是非对称的，小市场份额产品的涨价幅度要高于大市场份额产品。此外，兼并者的两种产品的价格涨幅要远高于未参与兼并的厂商。而未参与兼并的大厂商的价格上涨幅度又要高于小厂商，因此，未参与兼并厂商的集中度的提高会增加兼并的价格效应，但是这种效应相对较弱。值得指出的是，尽管兼并导致价格上涨，但仍可能增加福利，而未参与兼并厂商的集中度的提高可以减少来自兼并的损失，甚至可以从中获利。

在 Werden 和 Froeb（1994）研究的基础上，Froeb，Tschantz 和 Werden（2005）[②] 进一步系统分析了在一个静态 Bertrand 垄断竞争行业中无兼并协同效应的价格上涨与存在兼并协同效应时以低价形式将边际成本的变化转移给消费者的让渡率（pass-through rate）之间的关系。根据 Bertrand 均衡的二阶条件，在单一产品对称行业中，让渡率为正。需求曲线的曲率引致没有兼并协同效应下价格上涨的幅度越大，同样会引致存在兼并协同效应下转移给消费者的边际成本节约的比例越高。

上述研究都没有考虑兼并对进入等其他要素的作用。Werden 和

---

① Werden, G. J. and Froeb, L. M. The Effects of Mergers in Differentiated Products Industries: Logit Demand and Merger Policy [J]. *Journal of Law*, *Economics*, *& Organization*, 1994, 10: 407 – 426.

② Froeb, L. M., Tschantz, S. and Werden, G. J. Pass-through Rates and the Price Effects of Mergers [J]. *International Journal of Industrial Organization*, 2005, 23: 703 –715.

Froeb（1998）① 的仿真研究显示即便是大的横向兼并所创造的进入机会也会小到不太可能诱发进入，而在没有效率改进情况下的进入则使本来在其他情形下可获利的兼并变得无利可图。Cabral（2003）② 则考虑了在空间差异的 Bertrand 行业，兼并之后发生进入的可能性。假定行业在兼并前和兼并后均处于自由进出下的均衡状态，空间（产品）差异化的垄断竞争行业中两个厂商兼并所产生的成本协同（边际成本下降）效应降低了进入的可能性，进而消费者的福利水平低于有新厂商进入的情形。兼并后的进入可以实质性地提高消费者福利水平。而垄断化兼并则很有可能诱发进入，导致比兼并前更低的价格。

以上文献都假定价格是唯一的竞争维度，但实际上在消费品行业，价格仅仅是影响竞争因素当中的一个，而很少有文献同时选择价格和其他战略变量来研究兼并的效应。Gandhi 等（2008）③ 研究了兼并者同时选择价格和区位的兼并效应，弥补了这方面研究的空白。与单纯的价格竞争相比，价格—区位竞争的单边效应要小一些。在单纯的价格竞争模型中近乎完全替代品的组合使兼并者具有很强的涨价动机，而价格—区位模型使兼并者具有很强分离产品的动机，进而降低了其涨价的动机。同时，兼并者对其产品组合的重新定位减少了兼并给予未参与兼并的竞争者的好处。兼并者将对其产品组合进行重新定位，使其相互远离对方，最大限度地降低品牌间的替代效应。由于这种重新定位大大地降低了兼并者涨价的动机，因而减少了因兼并者涨价而导致未参与兼并的竞争者的需求增加，实质性地缓解了兼并的单边效应。此外，兼并者对其产品组合的重新定位导致未参与兼并的竞争者向市场中间地带收缩，加

① Werden, G. J. and Froeb, L. M. The Entry – Inducing Effects of Horizontal Mergers: An Exploratory Analysis [J]. *The Journal of Industrial Economics*, 1998, 46: 525 –543.

② Cabral, L. Horizontal Mergers with Free-entry: Why Cost Efficiencies May Be a Weak Defense and Asset Sales a Poor Remedy [J]. *International Journal of Industrial Organization*, 2003, 21: 607 –623.

③ Gandhi A., Froeb, L., Tschantz, S. and Werden G. J. Post – Merger Product Repositioning [J]. *The Journal of Industrial Economics*, 2008, 56: 49 –67.

剧了他们之间的价格竞争，降低了他们的涨价动机。上述效应的结合实质性地减少甚至会消除兼并给未参与兼并者所带来的好处，结果是兼并者获取了竞争程度降低的大部分收益，而未参与兼并的竞争者的境遇可能会变得更差。

2.1.1.3 拍卖和讨价还价模型

在 Bertrand 模型中，每个厂商设定价格，购买者在给定的价格下做出自己的购买决策，因此，Bertrand 模型特别适合存在大量消极购买者①的差异性产品市场。但在很多环境中，大的购买者可以运用策略设计自己的采购程序，进而从供应商那里获得最好的价格。不少学者运用拍卖和讨价还价模型对这种情形下供应商横向兼并的单边效应进行了研究。

（1）拍卖模型②。Mailath 和 Zemsky（1991）③ 运用次高价竞拍模型的分析结果显示，联合投标总是有利可图的，因而投标者总是具有兼并的动机。Tschantz 等（2000）④ 进一步比较了密封报价模型与公开报价模型中兼并的价格效应。

Dalkir 等（2000）⑤ 假定兼并后的预期成本低于兼并前两个独立厂商的中任何一个，同时因厂商数量的变化而预期存在一个价格的上涨效应，这样，如果想平衡价格上涨效应，兼并必须获得额外的效率收益。Dalkir 等的模拟结果确认了这一来自 Willianmson（1968）的论点。通常情况下，由兼并引发的价格上涨是温和的。与 Dalkir 等（2000）的研究

---

① 消极购买者指的是购买者被动接受供应商提供的产品价格，不具有讨价还价的能力。

② 与研究拍卖市场兼并问题并行的一组文献是研究拍卖市场上合谋的文献。如果合谋厂商能单边支付和分配谁去有效率地中标，那么，在拍卖市场上的合谋和兼并将具有同样的效果。参见 Debrock 和 Smith（1983），Graham 和 Marshall（1987），Thomas von Ungern‐Sternberg（1988），Mailath 和 Zemsky（1991），McAfee 和 McMillan（1992），McAfee（1994）.

③ Mailath, G. J. and Zemsky, P. Collusion in Second Price Auction with Heterogeneous Bidders [J]. *Games and Economic Behavior*, 1991, 3: 467–486.

④ Tschantz, S., Crooke, P. and Froeb. L. Mergers in Sealed versus Oral Auctions [J]. *International Journal of the Economics of Business*, 2000, 7: 201–212.

⑤ Dalkir, S., Logan, J. W. and Masson, R. T. Mergers in Symmetric and Asymmetric Noncooperative Auction Markets: The Effects on Prices and Efficiency [J]. International Journal of Industrial Organization, 2000, 18: 383–413.

结论相似，Brannman 和 Froeb（2000）[1] 基于维可瑞拍卖（Vickrey Auction）模型（或次高价公开竞拍模型）的模拟结果同样显示兼并的价格效果很小[2]，要想获得显著的价格效应，竞标者的合谋不得不包括所有参与者。

在卖者以竞拍方式从买者那里获得销售订单的维可瑞拍卖模型中，成本最低者以略低于成本第二低的厂商报价价格赢得拍卖。在这种拍卖中，只有当兼并或合谋发生在成本最低的两个竞拍厂商之间，才会影响到价格，使得最终价格上涨到成本第三低厂商的成本价，从而竞拍厂商兼并的预期价格效应取决于两个兼并者是成本最低的两个厂商的概率与第二低成本与第三低成本的差的乘积。这显然又取决于竞拍者的联合成本分布的性质。Froeb 和 Tschantz（2002）在拥有私人估价的次高价拍卖模型的框架下，对竞拍者的私人估价相互关联时的兼并效应进行了有益的探讨。如果两个兼并者的成本正相关，则兼并者是成本最低的两个厂商的概率越高，兼并的价格效应越大。在两个兼并者间成本相关的情况下，兼并的效应与兼并者的市场份额之间的关系弱化了。在市场份额不变的假设前提下，兼并者成本正相关则兼并的价格效应大，负相关则兼并的价格效应小。

Waehrer 和 Perry（2003）[3] 进一步发现在公开拍卖中买者的最优竞拍底价随市场集中度的提高而降低[4]。低的竞拍底价能部分或全部抵消兼并的价格效应。然而，兼并总是减少了买者的福利。低的竞拍底价同样也因兼并无利可图而削弱了大的供应商间横向兼并的动机，进而导致

---

① Brannman, L. and Froeb, L. M. Mergers, Cartels, Set – Asides, and Bidding Preferences in Asymmetric Oral Auctions [J]. *The Review of Economics and Statistics*, 2000, 82：283 – 290.

② 模拟结果表明最显著反竞争兼并所导致的价格上涨幅度还不到3%，而兼并所获得的4%的边际成本节约效应足以抵消1%的价格上涨。

③ Waehrer, K. and Perry, M. K. The Effects of Mergers in Open – Auction Markets [J]. *The RAND Journal of Economics*, 2003, 34：287 – 304.

④ Waehrer 和 Perry 假定各供应商的成本分布差异由其产能来定义，市场份额由其产能占整个行业产能的比例来表示。

稳定的市场结构。

（2）讨价还价模型。Horn 和 Wolinsky（1988）① 研究了双边垄断关系下上（下）游厂商间横向兼并的激励问题。假设下游市场的两家厂商的技术呈现规模报酬不变、线性需求、线性成本和从事产量竞争，其投入品由垄断厂商供给，投入品的价格由双方讨价还价决定。在信息对称即上游厂商与两个下游厂商的价格同时决定且价格一致的条件下，下游厂商的产品是替代（互补）品时，垄断的上游厂商的获利水平多于（少于）存在两个独立的上游供应商的获利之和，这意味着如果上游是双寡头市场结构，两厂商间存在（不存在）兼并动机。对称地，当上游是一个垄断厂商时，下游厂商生产的如果是替代品（互补品），则通过兼并而垄断化的利润少于（多于）双寡头的利润之和。也就是说当上游是垄断供应商，下游生产的如果是替代品（互补品），则下游厂商间不存在（存在）兼并的动机②。

Vistnes（2000）③ 运用医院的例子解释了在两阶段博弈中，作为医疗计划中的相互替代者，两家医院间的兼并能够使其在第一阶段获得了更大的讨价还价能力，这将导致医疗价格的上涨。Raskovich（2003）④ 的研究却表明也可能出现相反的情况——大规模并不总是具有增强讨价还价能力的优势。一旦兼并将导致兼并后新厂商规模大到成为供应商的关键购买者⑤，在供应商与所有的购买者同时进行双边纳什谈判时，兼

———

① Horn, H. and Wolinsky, A. Bilateral Monopolies and Incentives for Merger [J]. *The RAND Journal of Economics*, 1988, 19: 408–419.

② 当下游厂商生产的是替代品时，通过兼并而获得的一般意义上的收益被其与上游供应商面对面讨价还价地位的弱化抵消了，因而不存在兼并动机。

③ Vistnes, G. Hospitals, Mergers, and Two-Stage competition [J]. *Antitrust Law Journal*, 2000, 67: 671–692.

④ Raskovich, A. Pivotal Buyers and Bargaining Position [J]. *The Journal of Industrial Economics*, 2003, 51: 405–426.

⑤ 成为供应商的关键购买者意味着其他购买者远不能弥补供应商的总成本，要满足供应商参与的约束条件，剩余成本必须由关键购买者来弥补，否则供应商将选择不生产。此时，关键购买者退出采购的威胁变得不可信。

并将弱化关键购买者在双边谈判中的地位。Adilov 和 Alexander（2006）[①]却认为 Raskovich 的结论不再成立，因为该模型忽略了一个重要的因素——通过兼并成为关键购买者的谈判能力。Adilov 和 Alexander 将关键购买者效应分解为绝对规模效应、相对规模效应和谈判能力效应。如果谈判能力效应在关键购买者效应中占据主导地位，那么，由兼并而成为关键购买者的新厂商会发现其谈判地位因兼并而实质上提高了。

Inders 和 Wey（2003）[②] 在双边寡头竞争的框架下，通过对市场结构对租金分配的影响，推导出上下游厂商各自选择兼并的条件。下游厂商的兼并动机依赖于上游厂商的单位成本是递增的还是递减的，而上游厂商的兼并动机则取决于其产品是互补品还是替代品。当上游厂商的单位成本是递增的，为了增强讨价还价的能力，下游厂商具有兼并的激励。而当上游厂商的产品互为替代品时，上游厂商为了增强讨价还价的能力，具备兼并的动机。

与上述研究上（下）游厂商横向兼并不同，O'Brien 和 Shaffer（2005）[③] 研究了下游是垄断厂商的中间品市场上的横向兼并，发现一个伤害零售商的兼并可能增加福利。第一，如果兼并厂商可以运用捆绑策略，在没有成本效率的情况下，兼并厂商可以通过盘剥零售商的利润而提升自己的利润水平，但并不改变竞争者的盈利状况。这种利润水平的变化单纯是一种租金的转移，对消费者和社会总福利水平没有任何影响。反之，在存在成本效率的情况下，兼并在提升自身利润水平的同时不仅降低了竞争对手的利润，也可能造成零售商的损失。如果成本节约较小，零售商转移给兼并厂商的租金要大于成本节约额，零售商利润也会下降。如果成本节约额足够大，则零售商可能从中获利。如果兼并厂

---

① Adilov, N. and Alexander, P. J. Horizontal Merger: Pivotal Buyers and Bargaining Power [J]. *Economics Letters*, 2006, 91: 307–311.

② Inders, D. and Wey, C. Bargaining, Mergers, and Technology Choice in Bilaterally Oligopolistic Industries [J]. *The RAND Journal of Economics*, 2003, 34: 1–19.

③ O'Brien, D. P. and Shaffer, G. Bargaining, Bundling, and Clout: The Portfolio Effects of Horizontal Mergers [J]. *The RAND Journal of Economics*, 2005, 36: 573–595.

商的捆绑策略不可行，则对兼并厂商利润增加的解释可归结于其讨价还价能力的高低。如果讨价还价能力弱，则利润的增长可以归功于联合产品相对于单个产品的订立契约的讨价还价能力优势。如果讨价还价能力足够强，则利润的增长来自于其多产品协调定价的能力。通过削减每种产品的产量，兼并者能够减少零售商对其某种产品销量下滑所带来的损失。第二，在捆绑不可行的情形下，如果兼并者的讨价还价能力足够强，转移价格将上升，其他不变。在这种情况下，兼并者的收益要小于允许捆绑的情形。如果兼并者提高转移价格，竞争者从中获益，但零售商的处境总是要劣于兼并前。在兼并后，如果兼并者的讨价还价能力足够强，兼并者捆绑策略给零售商带来的损失要大于不允许捆绑的情形。

2.1.1.4　动态模型

上述文献考虑的是一次性博弈的静态兼并，忽略了动态环境下的横向兼并的单边效应，如兼并所引发的后续反应对第一次兼并和后续兼并的影响。

Nilssenhe 和 Sorgard（1998）[1] 基于古诺模型对序贯兼并进行了详细分析，发现在线性条件下，后续兼并对第一次兼并的获利性影响是不确定的。在第一次兼并能够激励对其产生正效应的后续兼并时，本来在孤立状态下无利可图的兼并变得可行。反之，在第一次兼并能够激励对其兼并产生负效应的后续兼并时，本来在孤立状态下有利可图的兼并变得不可行。此外，当序贯兼并间相互作用时，Farrell 和 Shapiro（1990）的兼并条件高估了兼并的实际外部效应。

Gowrisankaran（1999）[2] 通过将兼并、投资、进入和退出内生化，发现横向兼并不仅通常会使产业变得更集中，而且会加快集中的速度。

---

① Nilssen, T. and Sorgard, L. Sequential Horizontal Mergers [J]. *European Economic Review*, 1998, 42: 1683 – 1702.

② Gowrisankaran, G. A Dynamic Model of Endogenous Horizontal Mergers [J]. *The RAND Journal of Economics*, 1999, 30: 56 – 83.

此外，兼并总是会增加生产者剩余，减少消费者剩余，但总剩余则是不确定的。

在 Gowrisankaran（1999）研究的基础上，Gowrisankaran 和 Holmes（2004）① 进一步考察了兼并与产业集中间的关系。基于一系列严格的假设，通过对规模报酬不变的同质产品市场上主导厂商模型的研究，Gowrisankaran 和 Holmes 发现产业长期集中的程度依赖于初始集中水平。垄断产业仍将是垄断产业，完全竞争产业仍将是完全竞争产业。对于那些处于二者之间的产业，主导厂商可能通过兼并收购资本，也可能出售资产，这取决于其对未来行动的承诺能力。

2.1.1.5 其他研究

Bresnahan 和 Salop（1986），Farrell 和 Shapiro（1990b），Flath（1992），Nye（1992），O'Brien 和 Salop（2000），以及 Reynolds 和 Snapp（1986）等人在古诺寡头竞争模型下研究了部分权益和合资的兼并问题。

Stephen 和 Charles（1998）② 在一个动态博弈模型中对同质产品古诺市场中横向兼并的短期和长期效应进行了比较。结果表明，由于短期内存在生产规模约束，即使兼并厂商在兼并的市场份额足够小，有利可图的横向兼并也会降低社会福利。然而，在长期，如果参与兼并的某个厂商的生产能力小于市场平均生产能力，则兼并一般会改善社会福利。此外，当市场中厂商数目超过一定的上限时，即使参与兼并的某个企业是规模最大的企业，只要其他企业的生产能力小于一定的下限，那么兼并也会提高社会福利。

Huck 等（2001）③ 研究了广义 Stackelberg 同质产品市场上企业横向

---

① Gowrisankaran, G. and Holmes, T. J. Mergers and the Evolution of Industry Concentration: Results from the Dominant – Firm Model [J]. *The RAND Journal of Economics*, 2004, 35: 561 – 582.

② Stephen, P. and Charles, F. M. On the Welfare Effects of Mergers: Short Run vs Long Run [J]. *The Quarterly Review of Economics and Finance*, 1998, 38: 1 – 24.

③ Huck, S., Konrad, Kai A. and Müller, W. Big Fish Eat Small Fish: On Merger in Stackelberg Markets [J]. *Ecomomics Letters*, 2001, 73: 213 – 217.

兼并的获利性和社会福利问题，发现两个具有相同战略力量的企业很少具有兼并动机，而两个具有不同战略力量的企业总是具有兼并动机。不管哪一种类型的兼并行为发生，社会福利均是下降的。

Creane 和 Davidson（2004）① 研究了错位竞争战略对横向兼并的影响，结果发现如果兼并形成一个多部门厂商，通过在内部实施一个错位竞争（staggered competition）策略，可以使兼并后的这个多部门厂商获得市场优势，但这种兼并会对竞争者构成伤害。

化冰、陈宏民和翁轶丛（2003）② 对差异产品的企业横向兼并的长期效应进行了研究。胡义东、钟德强和仲伟俊（2006）③，刘莉和钟德强（2006）④ 研究了一部线性合约条件下零售商横向兼并对消费者福利的影响。钟德强和仲伟俊（2005）⑤，刘莉、钟德强、刘辉和罗定提（2008）⑥ 研究了委托授权兼并模式对企业兼并激励的影响。

2.1.2　双边市场上横向兼并的单边效应

一般而言，竞争对手之间的合并通常会导致兼并厂商市场力量的增强和较高的价格，从而损害消费者，但在双边市场上这个结论也许是不正确的：交叉网络外部性的存在使得用户从平台另一边商业伙伴的增加

---

① Creane, A. and Davidson, C. Multidivisional Firms, Internal Competition, and the Merger Paradox [J]. *The Canadian Journal of Economics/Revue canadienne d'Economique*, 2004, 37: 951 – 977.

② 化冰、陈宏民、翁轶丛：《差异厂商横向兼并的长期效应分析》，载《管理工程学报》，2003 年第 2 期，第 5 ~ 8 页。

③ 胡义东、钟德强、仲伟俊：《异质产品供应链定价控制权与零售商横向兼并效应分析》，载《管理工程学报》，2006 年第 4 期，第 31 ~ 35 页。

④ 刘莉、钟德强：《合约可观察性与异质产品横向兼并效应》，载《软科学》，2006 年第 5 期，第 25 ~ 34 页。

⑤ 钟德强、仲伟俊：《Bertrand 竞争下异质产品企业委托授权与横向兼并效应分析》，载《系统工程理论与实践》，2005 年第 10 期，第 1 ~ 10 页。

⑥ 刘莉、钟德强、刘辉、罗定提：《异质产品 Bertrand 寡头竞争企业分散授权横向兼并效应分析》，载《系统工程》，2008 年第 2 期，第 41 ~ 46 页。

中所得到的效用可以抵消价格上涨的影响，其结果是，兼并虽然有可能带来平台两侧价格的上涨，但与此同时，兼并增加了社会福利而不是减少了社会福利水平（Evans，2003）[①]。例如，翁轶丛等（2003）[②] 对具有网络外部性特征的双边市场中厂商横向并购的动机及福利效应的研究表明，在均衡状态下，兼并后消费者福利会降低，但是一定的网络外部性强度会提高整体社会福利水平。王国才（2009）[③] 基于 Salop 圆形城市模型，对存在网络外部性情形下的厂商横向并购问题进行的研究发现：较强的网络外部效应导致较高的市场集中度，而市场集中度的增加会进一步提升社会净福利水平，最优行业结构为完全垄断；网络厂商为了获得更高的利润，具有较强的动机进行横向兼并。Chandra 和 Collard - Wexler（2009）[④] 在消费者都是单平台接入，而广告商是多平台接入（即可以在不同的报纸上刊登广告）的情形下研究了报纸业的横向兼并问题，结果显示：因横向兼并而增加的集中度可能不会引起双边市场上任何一边的价格上涨，因为垄断可能会产生更低的价格。具体到读者一边，报纸商将按照低于边际成本的价格出售报纸，这样可以吸引更多的读者，从而吸引更多的广告商，获得更多的收入；而在广告商这一边，报纸商可以维持原有的价格不变，甚至是降低一点广告价格。这实际上就是 Leonello（2010）[⑤] 所说的价格降低的协同作用。加拿大报纸业的数据也证实了横向兼并并没有导致报纸价格的上涨，许多兼并者提高了效率或是节约了成本，而低成本允许厂商保持价格稳定不变。Chandra

---

① Evans, D. S. The Antitrust Economics of Multi - Sided Platform Markets [J]. *Yale Journal on Regulation*, 2003, 20 (2): 325 – 382.

② 翁轶丛等:《基于网络外部性的企业横向兼并研究》，载《系统工程学报》，2003 年第 2 期，第 13～18 页。

③ 王国才:《基于 Salop 模型的网络企业横向并购研究》，载《系统工程学报》，2009 年第 3 期，第 343～349 页。

④ Chandra. A, and A. Collard - Wexler, Mergers in Two - Sided Markets: An Application to the Canadian Newspaper Industry [J]. *Journal of Economics & Management Strategy*, 2009, 18 (4): 1045 – 1070.

⑤ Leonello, A. Horizontal Mergers in Two - Sided Markets [R]. *Working Paper*, 2010.

和 Collard – Wexler（2009）与 Leonello（2010）甚至认为，由于兼并平台内部化了合作伙伴平台上的价格增加这一事实的存在，平台间的兼并更有可能使兼并后的价格低于兼并前的价格。换句话说，间接网络外部性可能逆转典型合并后的激励机制，增加价格开拓市场能力。但也有学者对此表示质疑。例如，程贵孙等（2009）[①] 参考 Barros 等（2005）的方法研究了具有负外部性的电视传媒平台企业的横向兼并，结果表明横向兼并虽然能够带来厂商利润的增加，且不至于伤害到广告主的利益，但兼并可能会造成社会整体福利水平的下降；Przemyslaw Jeziorski（2014）[②] 运用 1996 ~ 2006 年的数据对美国无线电产业的并购效率进行了分析，解释了并购厂商对听众和广告商施行市场势力的内在动机，分解了并购后的产出变量和广告商广告供给变量的不同影响，结果发现 1996 ~ 2006 年期间，听众的福利增加了 0.2%，广告商的福利下降了 21%。

　　针对学界重理论、轻实证的现象，李新义和王浩瀚（2010）[③] 利用中国网络传媒业 2005 ~ 2007 年的经验数据对双边市场横向兼并的定价及福利效应进行了实证分析，结果发现平台企业间的横向兼并对市场两侧用户的价格无显著影响，但对兼并厂商的长期盈利能力有明显的正向作用，进而主张应鼓励中国网络传媒业厂商间的横向兼并；马姣（2013）[④] 通过优酷和土豆的并购案例研究了中国视频行业横向兼并的福利问题，认为横向兼并可以降低内容及宽带成本，降低广告主的价格，提高广告数量，但用户的效用却因广告的增多而下降，不过这种效

---

　　① 程贵孙等：《具有双边市场特征的电视媒体平台竞争模型》，载《系统管理学报》，2009 年第 1 期，第 1 ~ 6 页。

　　② Przemyslaw Jeziorski, Effects of Mergers in Two – Sided Markets: The US Radio Industry [J]. *American Economic Journal Microeconomics*, 2014, 6（4）: 35 – 73.

　　③ 李新义、王浩瀚：《双边市场横向兼并的定价及福利研究——以中国网络传媒业为例》，载《财经研究》，2010 年第 1 期，第 27 ~ 33 页。

　　④ 马姣：《我国网络视频行业横向兼并的福利分析》，东北财经大学博士学位论文，2013。

用的下降在很大程度上被兼并后视频内容的改善以及多样性等因素的作用所抵消。

随着研究的深入，Evans 和 Schmalensee（2007）[1] 提出传统的兼并分析可能仅适用于当市场的交叉网络外部性足够低的情况，Evans 和 Noel（2008）[2] 甚至进一步指出，通过使用传统方法来分析双边市场的兼并问题会带来严重的错误。例如，Evans 和 Noel（2007）[3] 对于 Google 和 DoubleClick 公司之间的合并进行了演示分析——这也许是双边市场兼并的第一个实证分析，结果表明依靠传统的方法将市场的双边性纳入分析将会产生截然不同的结果。

2.2　横向兼并的协调效应

Davidson 和 Deneckere（1984）[4] 指出，以扳机触发策略（trigger strategies）作为保证默契合谋执行的手段，如果合谋协议在最初就不是可维持的，那么，横向兼并将降低合谋的可维持性，因为协议隐含的触发点变得更有利于局外人。而 Rothschild（1999）[5] 的研究表明，扳机触发策略作为阻止背离的策略，其有效性以一种相当复杂的方式依赖于背离者与忠诚者间的相对效率。

---

① Evans, D. S. and R. Schmalensee., The Industrial Organization of Markets with Two – Sided Platforms [J]. *Competition Policy International*, 2007, 13（1）: 149 – 179.

② Evans, D. S. and M. D. Noel. Defining Markets That Involve Multi – Sided Platform Businesses: An Empirical Framework With an Application to Google's Purchase of DoubleClick [J]. *Ssrn Electronic Journal*, 2007（551）.

③ Evans, D. S. and M. D. Noel. The Analysis of Mergers that Involve Multisided Platform Businesses [J]. *Journal of Competition Law and Economics*, 2008, 4（3）: 663 – 695.

④ Davidson, C. and Deneckere, R. Horizontal Mergers and Collusive Behavior [J]. *International Journal of Industrial Organization*, 1984, 2: 117 – 132.

⑤ Rothschild, R. Cartel Stability When Costs Are Heterogeneous [J]. *International Journal of Industrial Organization*, 1999, 17: 717 – 734.

在 Davidson（1984）和 Rothschild（1999）等人的基础上，Compte，Jenny 和 Rey（2002）[①] 进一步将产能不对称引入了无限次重复价格博弈模型，结果发现，在存在产能约束的情形下，如果大厂商参与的横向兼并导致行业内资产分布的不对称性进一步增强，那么该兼并将不利于默契合谋的维持。Vasconcelos（2005）[②] 基于古诺模型的分析进一步证实了 Compte，Jenny 和 Rey（2002）的结论。

与 Compte，Jenny 和 Rey（2002）基于产能不对称的分析思路不同，Kühn（2004）在一个差异性产品的模型中基于生产线的差异分析了横向兼并的协调效应。在 Kühn 的模型中，作为产能决定因素的资产在兼并中可以被单独出售或完全转移到另一个厂商。分析表明，在对称最优惩罚策略下，合谋的范围仅仅由最大厂商背离最严厉惩罚价格和最小厂商背离最高合谋价格的动机决定。市场上最小厂商通过兼并获得资产将促进合谋和提高最具获利性的合谋价格。然而，最大厂商通过兼并获得资产将趋向于破坏合谋和降低最具获利性的合谋价格。原因在于：一个小厂商通过兼并变得大一点后，它通过削价所获取的需求增量变少了，进而降低了其背离最高合谋价的动机；相反，一个大厂商当它相对市场规模变得更大后，很难会遭受什么可信的惩罚，因此惩罚的有效性被削弱了。由于这些原因，最大厂商发起的兼并会导致与直觉相反的结果，那就是兼并降低了最高的可实现的合谋价格。进一步，在这种环境下，不对称增加的兼并将不具有获利性，因为兼并者的联合利润降低了。

Marc Escrihuela - Villar[③]（2007）进一步研究了兼并前市场存在部分合谋的情形下横向兼并对合谋的影响，结果发现在扳机策略下，横向兼并与完美合谋（perfect collusion）之间并不存在明确的关系，而且，

---

① Compte, O., Jenny, F. and Rey, P. Capacity Constraints, Mergers and Collusion [J]. *European Economic Review*, 2002, 46: 1 - 29.

② Vasconcelos, H. Tacit Collusion, Cost Asymmetries, and Mergers [J]. *The RAND Journal of Economics*, 2005, 36（1）: 39 - 62.

③ Marc Escrihuela - Villar. Partial Coordination and Mergers among Quantity-setting Firms [J]. *International Journal of Industrial Organization*, 2007（26）.

相对于边缘竞争厂商而言，参与部分合谋的厂商的兼并动机较小。张曦（2013，2016）① 借鉴 Marc Escrihuela‐Villar 的研究思路，分析了"胡萝卜加大棒"策略下横向兼并的协调效应，结果发现：如果横向兼并不能产生协同效应或不能给兼并厂商带来效率改进，无论是参与合谋的厂商还是边缘竞争厂商，都基本上不具备兼并的动机；它们只有在满足特定条件时才会有动力发起兼并，但这种兼并不利于默契合谋的维持，因为它提高了"胡萝卜加大棒"策略下维持联合利润最大化的默契合谋所必需的最小临界贴现值。这一研究结论有别于马丁（2003）② 的论断。马丁（2003）认为，在成本对称（边际成本固定不变，固定成本为零）的情形下，横向兼并将有利于默契合谋的维持，因为随着厂商数量的减少，用于维持非合作性合谋的联合利润最大化的利息率范围将相应增大，且与维持合谋所选择的惩罚策略无关。

2.3　横向兼并的反垄断审查

对横向兼并的反垄断审查的研究主要从两个维度展开。一是对横向兼并控制标准的研究。这方面的研究最早可以追溯到威廉姆森（1968）③ 开创性的论文《作为一种反托拉斯辩护理由的经济效益：福利权衡》。威廉姆森认为反垄断当局在对横向兼并案进行审查时应当采用总福利标准，充分考虑横向兼并中的效率因素。如果一起兼并导致厂商效率的提高足以提高整个社会福利水平时，就应该通过该项兼并申请，而不是以消费者剩余损失为借口禁止该项兼并。威廉姆森的观点得

---

① 张曦：《部分合谋市场上横向兼并的协调效应——基于 Cournot 模型的分析》，载《哈尔滨商业大学学报（社会科学版）》，2013 年第 1 期，第 42～47 页；张曦著：《横向兼并的反垄断分析》，中国财政经济出版社 2016 年版，第 91～100 页。
② 斯蒂芬马丁著：《高级产业经济学》，上海财经大学出版社 2003 年版，第 296～298 页。
③ 威廉姆森著：《反托拉斯经济学——兼并、协约和策略行为》，经济科学出版社 1999 年版，第 4～19 页。

到了包括 Farrell 和 Katz（2006）①、Heyer（2006）②、Carlton（2007）③
等众多学者的支持。但以 Pittman（2008）为代表的学者对此提出了严
厉的批评。Pittman 等人认为厂商的效率难以观测，不便于反垄断当局执
行，而且消费者相对于厂商处于劣势，不能以牺牲弱者为代价来使强者
的境遇变得更好，一个合意控制标准下的横向兼并控制应该是帕累托效
率改进的，而这正是消费者剩余标准的核心思想所在。Bain 和 McFetet-
ridge（2000）④ 通过对总福利标准、价格标准（消费者剩余标准）和加
权剩余标准的研究发现，在效率溢出程度低、市场集中的情形下，一起
横向兼并满足价格标准所需的长期边际成本节约幅度是总福利标准的 4
倍，是加权剩余标准的 2 倍。而 Neven 和 Röller（2005）⑤、Fridolfsson
（2007）等人的研究却显示，总福利标准和消费者剩余标准之间不存在
一个占优标准。张曦（2011，2016）⑥ 通过对 Williamson（1968）、Far-
rell 和 Katz（2006）理论缺陷的剖析，指出收入再分配问题是横向兼并
审查不能回避的问题，一是可行的、具有帕累托改进性质的合意标准应
该是消费者福利标准。二是对反垄断审查中的信息与寻租问题的研究。
Johan 和 Paul（2005）⑦ 指出，在横向兼并审查中，兼并厂商提供的信息
完备程度和游说贿赂将影响反垄断审查机构的政策决定。Neven 和 Roller

　　① Farrell, J. and Katz, M. L. The Economics of Welfare Standards in Antitrust [J]. *Competition Policy International*, 2006, 2: 3 – 28.

　　② Heyer, K. Welfare Standards and Merger Analysis: Why Not the Best? [J]. *Competition Policy International*, 2006, 2: 29 – 54.

　　③ Carlton, D. W. Does Antitrust Need to be Modernized? [J]. *Journal of Economic Perspectives*, 2007, 21 (3): 155 – 176.

　　④ Bian, L. and McFetridge, D. G. The Efficiencies Defence in Merger Cases: Implications of Alternative Standards [J]. *The Canadian Journal of Economics*, 2000, 33 (2): 297 – 318.

　　⑤ Neven, D. J. and Roller, L. H. Consumer Surplus vs. Welfare Standard in a Political Economy Model of Merger Control [J]. *International Journal of Industrial Organization*, 2005, 23: 829 – 848.

　　⑥ 张曦：《效率抗辩、反垄断审查标准与信息质量》，载《商业研究》，2011 年第 8 期，第 56 ~ 63 页；张曦著：《横向兼并的反垄断分析》，中国财政经济出版社 2016 年版，第 91 ~ 100 页。

　　⑦ Johan, N. M. and Paul, H. On the Desirability of an Efficiency Defense in Merger Control [J]. *International Journal of Industrial Organization*, 2005, 23: 803 – 827.

（2005）① 进一步证实，在反垄断审查当局采用消费者剩余标准的前提下，兼并厂商只有在兼并有利可图但效率改进尚未达到消费者剩余标准的情形下才会行贿，且效率改进的程度越高行贿的动机越强。张曦（2011，2016）发现，在委托代理框架下，由于政府监察部门存在信息核查预算成本，兼并厂商的最优行动是利用自身的信息优势来提供过量的信息和复杂的信息，以降低政府监察部门监管复查并查实存在贿赂行为的概率，使得一项效率改进达不到消费者剩余标准的横向兼并获得通过。这意味着一个好的反垄断审查标准本身并不足以保证通过审查的横向兼并都是符合效率改进原则的，反垄断审查结果还受其他因素影响，其中信息质量扮演着非常重要的角色。

2.4　横向兼并的补救措施

效率抗辩原则在反垄断实践中的采纳必然会引发人们对单边效应与协调效应的担忧，于是运用各种补救措施来消除潜在的反竞争效应和/或恢复市场竞争就成为必然选择。按照补救措施的性质，横向兼并的补救措施大体上可以分为两类：一类是结构性补救措施，主要是资产剥离；另一类是非结构性补救措施，即行为性补救措施。行为性补救措施因需要反垄断执法机构在兼并后进行长时期监管而难以执行，结构性补救措施则因其一次性且可以通过引入新的竞争者或加强市场上业已存在的竞争者的竞争实力而成为反垄断当局的优先选择。因此，目前对于横向兼并补救措施的理论研究主要集中在结构性补救措施方面。然而，学界对于资产剥离措施有效性的研究较少且至今尚未达成共识。Compte，

---

① Neven, D. J. and Roller, L. H. Consumer Surplus vs. Welfare Standard in a Political Economy Model of Merger Control [J]. *International Journal of Industrial Organization*, 2005, 23: 829 – 848.

Jenny和Rey (2002)[①] 的研究显示，向行业内厂商进行资产剥离，倘若对行业内最大厂商和最小厂商的资产规模没有影响，则这样的资产剥离不会对竞争产生实质性影响，至少是不会对行业内的默契合谋形成影响。Cabral (2003)[②] 从另外一个视角出发，认为兼并者通过向潜在竞争者出售资产能够有效地收买它们，劝说他们不开设新的商店，进而损害消费者。这实际上暗示资产剥离措施是无效的。Mota 等 (2007)[③] 则进一步指出资产剥离存在五大问题，例如，向行业内在位竞争者剥离资产虽可加强其竞争力，但由于对称性或多市场合约的原因，也会增加行业合谋的可能。因此，只有资产剥离措施的运用既不会引发单边效应，又不会引发联合占优（协调效应）时，反垄断当局才可以将其作为一种补救措施。然而，Gonzalez (2007)[④] 认为，尽管资产剥离的成本高昂，但相对于仅仅依赖于反垄断当局对横向兼并效率的先验信念而言，建立在资产剥离基础上的决定能够获得相对更优的结果。资产剥离可以作为一种相对有效的工具来获得兼并方的私人信息——从兼并中可能得到的效率改进程度。Cosnita 和 Tropeano (2009)[⑤] 的研究进一步证实了这一结论。针对这种纷争，张曦 (2010) 的研究指出，一项资产剥离措施是否有效关键取决于受让人的成本与技术水平。在对称情形下，当边际成本满足一定条件时，即便是不进行资产剥离，横向兼并也可能不会引致价格上涨；任何向竞争对手大于零的资产剥离都是合意的，而向潜在进

① Compte, O., Jenny, F. and Rey, P. Capacity Constraints, Mergers and Collusion [J]. *European Economic Review*, 2002, 46: 1 – 29.

② Cabral, L. Horizontal Mergers with Free-entry: Why Cost Efficiencies May Be a Weak Defense and Asset Sales a Poor Remedy [J]. *International Journal of Industrial Organization*, 2003, 21: 607 – 623.

③ Motta, M., Polo, M. and Vasconcelos, H. Merger Remedies in the European Union: An Overview [J]. *The Antitrust Bulletin*, 2007, 52 (3 – 4): 603 – 631.

④ Aldo Gonzalez. Divestitures and the Screening of Efficiency Gains in Merger Control. *http: // econ. uchile. cl/public/Archivos/pub/7c74cdc3 – 9cf9 – 4166 – bd9f – 72fc09f7dfe0. pdf*, 2007.

⑤ Cosnita, A and Tropeano, J. P. Negotiating Remedies: Revealing the Merger Efficiency Gains. *International Journal of Industrial Organization*, 2009, 27 (2): 188 – 196.

入者剥离资产却会导致价格上涨，除非兼并可以产生资产组合效应改变兼并后的新厂商的成本函数。当存在这种成本协同效应时，向潜在进入者剥离资产才是反垄断当局所偏好的选择；而在不对称情形下，如果厂商间的技术相同，区别仅仅在于资产拥有量的不同，那么向潜在进入者剥离资产是不合意的，这将导致兼并后的价格高于兼并前的市场均衡价格；如果厂商掌握的技术不同，那么，潜在进入者技术越先进，进而边际成本越低，潜在进入者越有可能赢得被剥离资产进入市场。当潜在进入者的技术最先进时，由潜在进入者获得兼并者的被剥离资产不仅有利于消费者，而且对潜在进入者和兼并者而言也是有利可图的。如果潜在进入者的技术落后于市场上的在位者，它就没有能力进入市场成为一个活跃的竞争者，此时，反垄断当局只能向在位者即兼并者的老竞争对手剥离资产。白雪等（2012）① 从成本不对称角度进一步证实了张曦（2010）的这一观点。

在横向兼并补救措施的运用上，Foer（2001）② 指出一个可以接受的资产剥离应当能够恢复所有被影响的产品和地理市场上的竞争。Motta，Polo 和 Vasconcelos（2007）③ 强调，反垄断当局只有在以下两个条件满足时才能运用结构性补救措施：第一，资产剥离后不大可能会引发单厂商占优（单边效应）；第二，资产剥离后不大可能会引发联合占优问题（协调效应）。张曦（2010，2016）④ 则进一步指出，一项资产剥离措施是否有效关键取决于是否可以找到一个合适的受让人。

---

① 白雪、林平、臧旭恒：《横向合并控制中的资产剥离问题——基于古诺竞争的分析》，载《中国工业经济》，2012 年第 1 期，第 90～100 页。

② Albert A. Foer. Toward Guidelines for Merger Remedies. *Case W. res. l. rev.*，2001.

③ Motta, M., Polo, M. and Vasconcelos, H. Merger Remedies in the European Union: An Overview. *The Antitrust Bulletin*, 2007, 52 (3–4): 603–631.

④ 张曦：《资产剥离的合意性——基于消费者福利标准的分析》，载《财经研究》，2010 年第 12 期，第 105～115 页；张曦著：《横向兼并的反垄断分析》，中国财政经济出版社 2016 年版，第 140～163 页。

2.5 评论与展望

尽管国内外学者对于横向兼并的单边效应、协调效应以及反垄断控制方面的研究已经取得了不少有价值的成果，但从总体上来看，迄今为止，还远没有形成完备的理论框架，许多理论上的问题尚未达成一致，至少还存在以下几个方面有待于进一步深入研究和探索。

（1）对于双边市场上横向兼并单边效应的研究。从前面的文献回顾不难发现，目前的研究主要聚焦于传统市场上横向兼并的单边效应，针对新兴的双边市场企业横向兼并的反垄断规制研究尚处于起步阶段，现有文献尚不能清楚解释双边市场上企业间的横向兼并对其他竞争者及消费者福利的影响，也不清楚自由进入等因素的作用是否依然如同单边市场一样有重要的抑制反竞争的作用。

（2）对横向兼并协调效应的研究。现有文献大多是基于扳机触发策略（trigger strategy）来研究全体合谋的，然而，一方面，扳机触发策略的要求太过严格，在厂商抱有违背合谋的行为会得到其他参与者谅解的期盼时，惩罚威胁就变得不再可信，从而合谋解也难以维持，而"胡萝卜加大棒"策略包含有谅解行为，具有更一般的可信威胁；另一方面，全体合谋是各国法律所明文禁止的，也是极其罕见的，现实中出现的更多是部分默契合谋。因而，更为值得关注的应该是"胡萝卜加大棒"策略下横向兼并对部分合谋的影响，即在成本不对称和"胡萝卜加大棒"策略条件下，横向兼并是否会扩大部分默契合谋的范围或降低维持部分默契合谋的约束条件？

（3）对横向兼并审查中寻租问题的讨论。显然，在委托代理关系客观存在的背景下，一个合意的反垄断审查标准并不能保证所有通过审查的横向兼并申请都是符合效率改进原则的。反垄断审查结果受很多因素影响，如兼并企业提供的信息完备程度和游说贿赂、反垄断审查预算约束等（Johan & Paul，2005；张曦，2011）。但鲜有文献提及实践中反垄断当局选择的横向兼并审查的证据标准对寻租问题的影响，这是一个值得深入探讨的问题。

（4）对资产剥离措施有效性的研究。由于成本不对称条件下的显性解难以通过数理推导得到，现有对资产剥离有效性的研究主要集中在厂商成本对称的情形，但这对于现实世界中普遍存在的成本不对称现象的启示相当有限。运用模拟仿真技术揭示厂商成本不对称条件下资产剥离的有效性对于反垄断实践具有十分重要的意义。

第 *3* 章

相 关 市 场

3.1 引　言

2009 年 3 月 18 日，中国商务部反垄断局发布公告，依据《中华人民共和国反垄断法》（以下简称《反垄断法》）第二十八条和第二十九条的相关规定，否决了可口可乐对汇源的并购申请，其理由是：经过全面评估，可口可乐并购汇源之后将产生如下三方面不利影响：一是可口可乐在完成并购汇源之后，完全有能力将自身在碳酸软饮料市场已经具备的市场支配地位通过对其他果汁饮料企业的竞争优势传导到果汁饮料市场，从而影响其他果汁饮料企业的竞争力，并最终损害消费者的利益；二是可口可乐在果汁饮料市场已经有了"美汁源"这个具有一定影响力的品牌，如允许其并购汇源，其将同时拥有"美汁源"和"汇源"两个知名果汁品牌，这将使得可口可乐在果汁市场上的品牌影响力明显增强，从而提升潜在竞争对手进入果汁饮料市场的门槛，形成垄断性的竞争性障碍；三是可口可乐并购汇源之后，将对其他中小型的果汁饮料企业的市场空间和生存空间产生明显的挤压效应，从而抑制国内果汁饮料市场的自主创新能力和市场竞争力，不利于中国果汁饮料行业的整体健康持续发展。

可口可乐并购汇源案例是《反垄断法》颁布实施后第一个未获通过的并购案，对并购过程中的反垄断规制具有典型的标杆性意义。其中，在对该案例的审查内容中，主要是依据《反垄断法》第二十七条，从相关市场的角度进行审查并得出上述否决性结论，具体体现为：第一，并购后在相关市场的市场份额及其对市场的影响力与控制力；第二，并购后在相关市场的市场集中度；第三，并购后经营者集中在市场进入、技术进步、消费者权益和国民经济发展等方面产生的影响；第四，并购后"美汁源"和"汇源"两大知名品牌集中对市场竞争力产生的影响。由此可以发现，在上述审查内容中，相关市场的审查成为重要内容，也成为否决该案的重要依据。

上述案例表明，相关市场的界定是《反垄断法》实施的一个重要审查内容，也是反垄断规制政策制定的基石（胡林香，2010；黄坤，2014）①。正如 Baker（2007）② 所指出的，在美国众多的反垄断诉讼案件中，绝大部分反垄断诉讼案件的最终解决是要寻求相关市场的界定，从而评估并购后的市场势力和市场行为是否具有反竞争效应。虽然 2010年美国发布的新《横向并购指南》与 1992 年的旧《横向并购指南》相比，对相关市场界定（market definition）和集中程度（market concentration levels）等内容进行了削弱以降低相关市场界定在横向并购反垄断审查中的重要性，但不可否认的是，在当前各个国家现行的横向并购审查制度框架下，对相关市场的界定及其评估依然是并购审查中的首要环节，其结果往往会左右反垄断审查的结论（黄坤，2014）。

基于此，本章将在回顾相关市场界定理论与方法演进的基础上，重

---

①　胡林香：《反垄断法中相关市场界定研究》，江西财经大学博士学位论文，2010；黄坤：《并购审查中相关市场界定的方法研究——临界损失分析的框架、拓展和新思路》，载《财经论丛》，2014 年第 8 期：第 78～86 页。

②　Baker, J. B. Market definition: An analytical overview [J]. *Antitrust Law Journal*, 2007, 74 (1)：129 – 173.

点对横向兼并中相关市场界定的重点与难点进行定性研究，尤其是针对
双边市场条件下传统的相关市场界定理论与方法所面临的挑战进行深入
分析，并在此基础上，对双边市场条件下相关市场界定方法的改进方法
进行提炼和总结，以期为横向兼并的反垄断规制实践提供重要的理论
指导。

3.2　相关市场含义

　　作为反垄断规制的基石性概念，相关市场具有不确定性和复杂性的
特点。在横向兼并反垄断规制中要确定兼并双方及其竞争主体在特定市
场环境下的竞争状态，只有明确了相关市场的概念，才能对横向兼并的
反竞争效应进行有效界定和科学规制。相关市场是 1917 年美国联邦最
高法院在对美国标准石油公司的审查中最早提出的概念。在该判决中，
美国联邦最高法院使用了"贸易与商业的任何领域"一词；此后，美国
联邦最高法院在 1948 年对哥伦比亚钢铁公司案中提出，《谢尔曼法》不
仅仅适用于限制美国全境内的竞争行为，而且还适用于"相关竞争市场
的不合理的限制行为"，从而从特定产品、特定地域的视角对相关市场
进行了清晰的界定。此后，不同国家通过法律或者指南的形式对相关市
场进行了进一步的界定，初步形成了相关市场指向的范围和边界。目
前，通行的对相关市场含义的界定主要体现为三个层面：一是相关产品
市场；二是相关地域市场；三是相关时间市场。例如，我国台湾地区
"公平交易法"中以特定市场的概念对并购中的反垄断及其公平行为进
行界定。所谓特定市场是指所竞争的产品或服务必须明确（特定产品市
场），而地理上的区域或范围也必须为该特定商品或服务所及的特定区
域或范围（特定地域市场）。特定市场范围大小的界定对反垄断规制中
限制竞争（独占、联合、结合）的规范相当重要，且在反垄断规制的实
务上其范围的大小还必须考虑时间因素。因此，反垄断规制中的特定市

场包括产品市场、地域市场及时间市场。我国《反垄断法》第十二条第二款也明确规定，相关市场包含相关产品市场和相关地域市场；同时，《国务院反垄断委员会关于相关市场界定的指南》第三条第四款对相关时间市场做了进一步的补充，即在反垄断审查中，必要的时候还要考虑相关时间市场。

3.2.1　相关产品市场

相关产品市场是基于因产品的属性、价格或使用目的，消费者认定属于可相互交换或替代的产品或服务构成的市场。相关产品市场可能在某些情况下由不同的组类产品构成，也可能由单一的产品构成。在实际的反垄断审查中，只要具备大体相似的外观或技术特性而可相互交换的产品或服务都可以构成相关产品市场。因此，在评估相关产品市场时，所审查的要素不仅包括特定产品或服务，还要考虑需求可替代性、竞争条件、价格、交叉价格需求弹性等诸多因素的交互影响；除此之外，在某些情况下还应考虑供给方面的可替换性等因素。

3.2.2　相关地域市场

相关地域市场是指一种产品与服务与其他同类的产品与服务或其具有替代性的产品与服务相互竞争的地理区域。如果一种产品与服务与其他同类的产品与服务或其替代性产品与服务在同一地域进行供需活动和市场运营，就可认定其竞争条件具有充分的区域同构型。如果一个企业通过兼并另一个企业而在该区域中获得市场支配地位，在反垄断规制中就可被认定为相关区域市场。具体而言，在反垄断规制中判断相关地域市场时，有许多评估因素，包括相关产品或服务的本质与特性、有无进入障碍、消费者偏好、相关产品与服务以及替代品在邻近地域市场的市场占有率有无显著差异或有无重大定价差异等。

3.2.3 相关时间市场

相关时间市场是指一种产品与服务与其他同类的产品与服务或其具有替代性的产品与服务在相关地域中竞争的时间。时建中和王伟炜（2009）[①] 认为，在下列情况发生时需要考虑对相关时间市场的界定：第一，一种产品与服务与其他同类的产品与服务或其具有替代性的产品与服务，由于季节性原因或者技术进步的原因而使得相互之间的竞争具有较强的时间性；第二，消费者对相关产品或服务的需求无法在各个时间周期实现相互替代，或者相关产品或服务的供给无法在各个时间周期实现相互替代；第三，相关产品或服务由于受到知识产权保护，因此需要将在知识产权有效期内和知识产权保护期满后区分为两个不同的时间市场。

除了上述的相关产品市场、相关地域市场和相关时间市场界定之外，伴随着技术进步和科技的快速发展，创新在产品与服务中的作用越来越大，有学者将创新市场也纳入到相关市场的界定中，认为有必要在创新驱动商业模式和扩大竞争范围的背景下，以研究和开发为核心，以创新活动为对象，重新界定相关市场的范围，考虑创新市场带来的竞争优势和支配行为，从而将竞争的动态效率纳入反垄断的分析框架中（胡林香，2010）。

3.3 相关市场的常用界定方法

在横向兼并反垄断规制过程中，相关市场的界定是其基础性的工

[①] 时建中、王伟炜：《〈反垄断法〉中相关市场的含义及其界定》，载《重庆社会科学》，2009 年第 4 期，第 59～63 页。

作，但也是一项复杂的工作。相关市场界定的方法并不是唯一和固定的，需要基于不同的兼并环境采用不同的界定方法。然而，无论环境如何变化，作为一个在经济学基础上建立起来的法学概念（张皓英，2006)①，对相关市场界定方法的选择必须兼顾法学和经济学的双重性。但在进行法学判断之前，先要从经济学的角度来进行相关市场的界定。基于经济学的视角，相关市场界定的核心是对替代品的分析。一般而言，如果产品或服务的替代性越大，市场竞争就越激烈，产品或服务的市场支配地位越小；反之，产品或服务的替代性越小，则垄断的可能性就越大（张皓英，2006）。因此，目前理论界和实践界都将市场或产品的替代关系作为横向兼并反垄断规制中市场界定的核心和重点，并由此形成市场界定的方法，主要包括需求替代分析法、供给替代分析法和弹性交叉分析法三类。除此之外，在各国横向兼并反垄断规制的实践中，还将假定垄断者测试法（SSNIP 测试法）作为相关市场界定的方法之一。

3.3.1 需求替代分析方法

需求替代分析方法是基于消费者的需求视角，从产品或服务的替代性进行综合评估，具体包括产品或服务的特征、价格、用途、功能等，从而对兼并方与被兼并方的相关市场进行评估。在横向兼并反垄断规制的实践中，需求替代分析方法能够比较客观、科学地反映出兼并方与被兼并方相关市场尤其是相关产品市场的实际情况，从而更加准确地计算出相关市场的范围，因此对相关市场的界定具有非常重要的价值。早在20 世纪50 年代，美国就已经在反垄断规制的实践中开始采用需求替代分析方法来界定相关市场。例如，在美国1956 年的杜邦案中，美国联邦最高法院就采用需求替代分析方法来对相关市场进行界定，并以此

---

① 张皓英：《论反垄断法中相关市场界定》，对外经济贸易大学博士学位论文，2006 年。

进行反垄断的规制设计。尽管需求替代分析方法具有自身的优势，但也存在一定的问题，主要表现为在进行相关市场界定时往往很难界定相关市场的边界。需求替代分析方法只指明考虑多种因素进行替代法分析，但未进一步说明当替代达到何种程度或者范畴时，就可以认定为产品之间构成相关市场（佘娟娟，2012）[1]。也就是说，需求替代分析方法缺乏从量化的角度对产品或服务的替代程度进行清晰的界定，从而使得反垄断规制中相关产品市场的边界存在不确定性。

3.3.2 供给替代分析方法

与需求替代分析方法从消费者角度出发相对应，供给替代分析方法主要从供给的角度来对相关市场进行界定。由于市场的替代性包含了需求替代性和供给替代性两个方面，二者缺一不可，因此从市场的角度来看，没有市场的供给就没有消费者的需求。于是，在横向兼并的反垄断规制实践中，常常将需求替代方法和供给替代方法结合使用。尽管美国从 20 世纪 60 年之后开始在横向兼并的反垄断审查中从需求替代分析方法转向供给替代认定法对相关市场进行界定和评估，但从当前美国、欧盟、英国等西方发达国家的实践来看，通常是对需求替代方法和供给替代方法的结合和顺序进行权衡后综合使用。常用的途径是先通过需求替代分析方法来对相关市场进行界定，然后再采用供给替代分析方法进行界定。通过上述两个步骤，能够在一定程度上保证对相关市场范围的界定不会被人为地放大或者缩小。然而也要看到，尽管各国法律都认可供给替代分析方法是对需求替代分析方法的补充完善，但供给替代分析方法存在和需求替代分析方法一样的不足——对相关市场边界的界定缺乏清晰的量化。

---

① 佘娟娟：《论反垄断法中相关市场的界定》，北方工业大学博士学位论文，2012 年。

3.3.3　弹性交叉分析方法

弹性交叉分析方法在反垄断审查中主要用于对不同产品之间的替代性进行评估。弹性交叉分析方法的基本原理是：在没有特殊的情况下，产品或服务的价格与需求成反比，即当一种产品或服务的价格上升时，消费者对这种产品或服务的需求将减少，并可能转向对另一种产品或服务的消费，结果是对另一种产品或服务的需求量增加，导致其价格上涨。如果另一种产品或服务价格上升的足够显著，则说明这两种产品或服务之间具有相互替代性，由此表明这两种产品或服务属于同一个市场范畴，即可认定为相关产品市场。反之，则表明这两种产品或服务不属于同一个市场范畴，即可认定为非相关产品市场。一般而言，通过弹性交叉分析方法确定的产品之间的关系可以分为三类：完全替代的产品市场、相互补充的相关产品市场和不相关的产品市场。

3.3.4　假定垄断者测试方法

假定垄断者测试法（the hypothetical monopolist test）①，最早是由美国司法部（DOJ）在 1992 年的《横向并购指南》中提出，并在后续经过了多次补充完善。其中，1984 年对相关市场界定中的"相关价格"做了补充完善；1992 年和美国联邦贸易委员会（FTC）联合发布的《横向市场兼并指南》中对价格上涨的幅度进行了弹性规定（幅度可以大于或者小于 5%），并对价格歧视和非价格歧视情况下 SSNIP 测试法的应用做了特别性规定；2010 年进一步对 SSNIP 测试法在横向兼并反垄断审查中的应用进行了完善和清晰的补充说明，形成了目前比较完善的 SSNIP

---

① 在实践中主要是运用 SSNIP（small but siginficant and non-transitory increase in price）测试法来进行。

测试方法。

SSNIP 测试法的核心思想建构在经济学理论基础上，其具体的操作步骤是：第一步，建立临时的相关市场，并将相关市场上的所有产品或服务供给者视作一个整体，也即假定的市场垄断者；第二步，对假定的垄断者在一定时间范围内提高产品或服务的价格（涨价的幅度一般为 5% ~ 10%）是否能够获利以及获利状况进行分析，由此评估假定垄断者的涨价行为可能产生的消费转移状况；第三步，基于上述两个步骤的评估结果来界定最后的相关市场，如果假定的市场垄断者在一定时间范围内的价格上涨行为能够得到更多的利益，则临时相关市场被界定为横向兼并反垄断审查中的相关市场；反之，如果假定的市场垄断者在一定时间范围内的价格上涨行为不能得到更多的利益，则需要将那些具有替代性的产品或服务纳入到评估范围，在此基础上建立一个新的临时相关市场，并基于上述步骤进行重新评估。与需求替代分析方法和供给替代分析方法相比，SSNIP 测试法采用经济学的计量方法，基于大量的市场数据和经验证据来进行测试，从而使得相关市场界定更为精准，具备可量化的操作性。鉴于 SSNIP 测试法的优势，目前许多国家在反垄断兼并审查中都采用这一方法对相关市场进行界定。例如，欧盟在 1997 年发布的《关于相关市场界定通告》中正式采用 SSNIP 测试法对横向兼并反垄断审查中的相关市场进行界定和评估。

3.4 双边市场反垄断中的相关市场界定

伴随着互联网、物联网、电子商务技术等新型技术的发展，新型企业的商业模式与运营方式已经发生了根本性的变化，出现了有别于传统单边市场的双边市场（two-sided markets），于是对双边市场理论的研究成为产业组织理论研究领域最新的发展方向。基于双边市场带来的组织运营模式和企业兼并活动都与传统的单边市场和兼并活动存在诸多差异，这给横向兼并反垄断审查带来了新的视角和全新挑战。适用于单边市场下横向兼并反垄断审查的相关市场界定方法在双边市场条件下是否适用？如果不适用，那么该如何界定双边市场条件下的相关市场？

3.4.1 双边市场的含义

关于双边市场的定义，目前学者们尚未达成一致。就其本质而言，双边市场是一个促使平台两侧用户达成交易的中介或平台这一点是毋庸置疑的，但这显然无法将其与单边市场区分开来，因为有些单边市场也具有这一特性。例如，乡村自发形成的农贸集市通常被视为单边市场。为了对双边市场区别于单边市场的本质特征进行刻画，Rochet 和 Tirole（2004）① 从价格结构非中性的角度将双边市场界定为：平台在向两侧客户索取的价格总水平保持不变的前提下，能够通过向市场一侧的参与者提高价格的同时向市场另一侧的参与者降低价格来影响交易数量。若采用量化的公式可表述为：当一个平台企业向两侧客户索取的价格总水平 $P = Pa + Pb$ 不变时（其中，Pa 表示平台向用户 A 索取的价格，Pb 表示平台向用户 B 索取的价格），Pa/Pb 的变化将直接影响对平台的总需求以及相应的总交易量。换言之，价格结构是非中性的，平台必须设计好能够将交易双方吸引到平台上来交易的价格结构。按照 Rochet 和 Tirole（2004）的定义，在双边市场上，科斯定理因双侧用户间充满外部性而不再适用于其相互间的交易（这是双边市场的必要条件），标准的定价原则亦不再适用，因为在价格结构的设计中，对一侧用户的定价水平要着眼于其对另一侧用户的外部性。尤为重要的一点是，平台间的竞争并不必然会产生有效的价格结构。于是，平台必须小心翼翼地考虑包括价格结构在内的各种影响因素，采取必要措施来吸引和稳定平台两侧

① Rochet, J. and J. Tirole. Two-sided Markets: An Overview [R]. *Working Paper*, 2004: 429 – 436.

的用户，例如，规定双侧用户间的交易条款，审查一侧用户的资质，制定双侧用户交易价格上限，等等。但无论如何，当他们采取一些措施来对一侧的用户进行限制时，这些措施必须足以对另一侧用户产生足够大的吸引力，以至于其因采取限制措施而在一侧损失的利润可以从另一侧用户数量的大幅增长中得到弥补。

与 Rochet 和 Tirole（2004）的研究视角不同，Armstrong（2006）[①] 从交叉网络外部性（cross-group externalities）的角度对双边市场进行了较为直观的界定，认为市场一边用户的净效用如果因另一边用户数量的增长而得以增加，这个市场就是双边市场。换言之，在双边市场上，两组不同性质的用户通过加入平台来完成交易，而平台一侧的用户是否加入该平台取决于平台拥有的另一侧用户的数量。相较于 Rochet 和 Tirole（2004）的定义，Armstrong（2006）对双边市场的界定不仅直观，而且易于建立数理模型。

上述从市场价格结构视角对双边市场的界定和从交叉网络外部性视角对双边市场的界定，都得到了学者们的认可，并由此形成了"价格结构"流派和"网络外部性"流派。尽管这两大流派的研究视角有所不同，对双边市场的界定也有差异，但我们从中还是可以捕捉到共性的东西（谢骞，2012）[②]。首先，双边市场的形成需要存在两组用户，而且这两组用户是不同类型的两组用户；其次，双边市场的形成能够有效地降低交易成本；最后，双边市场两侧用户各自的收益均取决于对方参与的程度，即存在一定的交叉网络外部性，且两侧用户均不能对这种交叉网络外部性进行完全内部化，而平台企业可以通过同时对两侧用户提供产品与服务将上述交叉网络外部效应内部化，并在帮助不同用户完成交易或交互过程中获得利润。这也意味着平台企业的定价结构是非中性

① Armstrong, M., Competition in two-sided markets [J]. *RAND Journal of Economics*, 2006, 37 (3): 668 – 691.

② 谢骞:《双边市场下的反垄断法相关市场界定研究》, 中国政法大学博士学位论文, 2012 年。

的。基于上述特征，一个简单的双边市场的基本结构如图 3 - 1 所示。

图 3 - 1　双边市场的基本结构

3.4.2　双边市场的特征

双边市场与单边市场具有不同的特征，主要表现为双边市场在供需结构、价格结构、产业主体结构、网络交叉外部性等方面都有着自身的特征。在实际的反垄断规制过程中，认清双边市场区别于单边市场的特征，具有重要的价值和意义。具体而言，双边市场的特征主要体现为如下三个方面：

3.4.2.1　产业主体结构的多元性

产业主体结构描述的是一个市场的主体构成及其相互关系的状况。一般而言，一个完整的产业结构市场包括买方、卖方、买卖双方关系、买方与买方之间的关系、卖方与卖方之间的关系以及上述关系构成的耦合机制及其运行特征。基于上述产业主体结构的包含要素及其关系特征，与单边市场单层的买方与卖方关系不同的是，双边市场的产业主体结构构成更具多元化，其各主体关系更为复杂。由于双边市场的运行是由平台企业作为中介通道，为双边市场的两边用户提供产品或服务并通过平台完成交易，因此不是简单的买方—卖方的单层关系，而是由"平台—双边用户""双边用户之间"构成的双层"价格—需求"关系，其构成主体包含平台、双边用户（买方与卖方）。在双边市场的运行中，双边用户之间并不是直接发生交易，而是通过平台来完成交易；在此过程中，平台需要解决用户交易过程中存在的信息共享程度等诸多难题，从而促进双边用户（买方与卖方）之间的交易积极性和交易量，并由此形成平台、买方、卖方三者之间的耦合关系和相互支撑的运营机制。

3.4.2.2　双边用户需求的依赖性与互补性

与单边市场需求双方的简单供需关系不同，双边市场能够成立并且持续运营的关键是市场两边的用户对平台提供的产品与服务存在着显著的依赖性与互补性，具体体现为两个层面：第一，两边用户需要在特定的同一时间范围内出现在平台上；第二，两边用户对平台所提供的产品与服务的需求具有同时性。只有满足上述两个条件，平台才会产生收益，双边市场的平台价值才能真正实现。例如，在近年来我国快速发展的 C2C 电子商务双边平台市场中，消费者（买方）需要通过这个平台来搜索产品，寻找到能够满足自身需求的产品并愿意接受该平台为其提供的各种产品查询、第三方支付等服务；而平台另一方面的产品与服务的供给方则是希望通过在该平台展示产品并向平台另一侧的消费者销售产品与服务。在此过程中，消费者（买方）和供给者（卖方）都对这一电子商务平台产生需求，并且需求存在很强的依赖性与互补性。

3.4.2.3　双边市场价格结构的非对称性

在单边市场中，价格结构尤其是单边市场的定价机制，只需要基于买方和卖方之间的需求来制定价格。也就是说，单边市场中的价格机制只受到供求双方关系的影响并形成市场价格的调节机制。在双边市场中，平台的定价机制除了考虑平台的收益之外，还要同时关注平台两边用户的市场需求变化情况，因为平台两边用户的价格情况直接影响整个平台的交易量和利润率。在此过程中，双边市场的最优价格与边际成本并不是必然成比例变化，而是呈现出价格结构的非对称性特点。之所以会呈现出这一特点，其原因在于平台为了培养一边的用户基础并通过这个用户基础来吸引另一边用户的加入，常常采用低于边际成本甚至免费的策略给予交叉网络外部性（cross-group externalities）较强的一边用户提供产品或服务；同时，为了补充或者弥补采取低价格而形成的损失，往往会对交叉网络外部性较弱的一边用户制定出高于或者等于边际成本的价格来提供产品或者服务（谢骞，2012）。

3.4.3 双边市场对传统相关市场界定的挑战

综上对双边市场含义与特征的分析可以看出，双边市场在产业主体结构、网络交叉外部性、供需结构、价格结构等方面的特殊性改变了单边市场的产业主体结构、供求关系与商业运营模式，为企业战略的设计与商业体系构建带来了新的思路，但也为横向兼并反垄断规制中的相关市场界定提出了新的挑战。双边市场条件下相关市场界定的难度更大，用简单的单边市场条件下相关市场界定的方法来对双边市场条件下相关市场进行界定可能会得出不准确乃至错误的结论。

3.4.3.1 双边产品与服务市场竞争的多元化带来竞争约束的复杂性

横向兼并反垄断规制过程中相关市场界定的主要目的是通过对兼并后的竞争约束进行分析、评估和审查，基于审查结果来判断和确定兼并后可能实施反竞争行为的竞争者，这些反竞争行为的竞争者能够约束其他企业的行为，从而造成竞争约束。在传统的单边市场条件下，市场结构主要为供需双方，对产品与服务的需求方只来自于一边市场，并且是唯一的。因此，对传统单边市场条件下相关市场的界定只需要对这一边市场进行需求替代性分析和供给替代性分析就可以完成。然而，在双边市场条件下，由于双边市场结构下的平台企业需要通过为两边用户提供产品与服务，并且所提供的产品与服务还具有依赖和互补的特征，由此形成的结果是双边市场结构下的平台企业需要通过各种策略来争取更多的两边用户，并在此过程中与其他企业展开竞争，从而面临来自两边的竞争约束。这种竞争约束在互联网技术尤其是移动互联网技术条件下企业商业模式更为多样化的背景下变得更加的复杂，主要体现为：首先，双边市场中的平台企业面临着与传统单边市场企业不同的竞争约束，即需要在两边子市场面临竞争约束；其次，双边市场中的平台企业面临着垂直一体化平台企业的竞争约束；最后，双边市场中的平台企业还面临着其他平台企业的竞争约束，这种竞争约束主要来自于两方面，一是只在一边子市场与之有业务重叠的平台企业，二是来自同一双边市场产业的平台企业。除此之外，双边市场中的平台企业往往还会面临着与其商业模式和业务运营相似或者重复的三边市场平台企业的竞争约束（谢骞，2012）。

3.4.3.2　相关地域市场的复杂化对相关市场界定提出了新挑战

如前所述，对相关地域市场的界定是横向兼并反垄断规制中对相关市场界定的重要内容，但在双边市场结构下，对相关地域市场的界定更为复杂。谢骞（2012）将此总结为如下三个方面：第一，双边市场条件下市场的宽窄程度更难以界定，因为双边市场下包含了双边、三边甚至多边化的市场主体。第二，双边市场所涵盖的地域范围相比单边市场更加广泛，相关地域市场的界定面临难题。由于互联网等新型技术打破了传统的地理边界，从一个国家扩展到跨国性、全球性的市场范围，使得在界定双边市场的地域范围上面临更多的难题，例如，作为广泛使用的社交通讯平台，腾讯公司的微信表面上是在国内的双边市场平台，但事实上的双边用户已经跨越国界，扩展到全球范围内。第三，双边市场条件下相关地域市场界定中的影响因素发生了变化。一方面，在双边市场条件下相关地域市场界定中，传统的如消费者承担的成本和供应商承担的成本等因素降低；另一方面，由于双边市场下的平台主要是以高科技、互联网、物联网等新型技术为基础的市场平台，因此在界定相关地域市场时还需要考虑技术阻碍的因素，需要分析技术阻碍对双边市场条件下产品与服务范围的限制。

3.4.3.3　双边市场条件下需求结构的关联性使得传统相关市场界定的方法受限

双边市场条件下的双边用户需求的依赖性与互补性所形成的交叉网络外部性，使得平台企业能够为双边用户提供利益而使其自身得以快速发展，在此背景下容易导致用户锁定效应，出现"强者更强、赢者通吃"的局面，并最终导致双边市场背景下的替代性变弱，这无疑使得在单边市场条件下对相关市场界定的替代性方法受到挑战。更重要的是，双边市场条件下平台企业对双边用户的锁定效应更容易形成集中和垄断，更容易受到兼并反垄断的审查。对此，郑江梅（2014）① 从替代性分析方法的适用性和市场集中状态变化两个层面对双边市场条件下相关市场界定的挑战进行了分析。其中，传统的需求替代、供给替代等替代性分析方法在双边市场条件下对相关市场界定的挑战主要体现为产品锁定效应带来的消费者转移成本过高、双边平台企业产品用途广泛带来的难生替代性、平台企业采用倾斜性定价或免费定价策略形成的无法从传统价格角度考察替代性问题等方面；而市场集中状态变化对双边市场条件下相关市场界定的挑战则主要体现为：第一，双边市场更容易形成竞争与垄断双强化的特点；第二，双边市场条件下横向兼并反垄断审查的关注点发生变化，价格和市场份额不再是唯一的关注点，产品因素、数量规模因素成为新的审查关注点和反竞争审查的重点。

3.4.3.4　SSNIP 测试方法在双边市场条件下对相关市场界定的应用受限

尽管 SSNIP 测试方法目前已经成为欧美横向兼并反垄断审查中相关市场界定的主流分析方法，但由于标准的 SSNIP 测试方法没有考虑到垄断者在提价时应该考虑到的乘数效应，使得 SSNIP 测试方法不能直接应用于双边市场。具体而言，首先，如果在双边市场的横向兼并反垄断审查中直接应用 SSNIP 测试方法会产生低估提价所带来损失的问题，从而导致将原本无利可图的提价误判成有利可图，形成相关市场界定过窄的误区（林平和刘丰波，2014；Filistrucchi et al.，2013）②；其次，在双边市场条件下直接采用 SSNIP 测试的临界损失分析方法会出现对相关市场界定的偏差问题。例如，在两个对称性竞争平台的双边市场条件下直接

① 郑江梅：《双边市场下的反垄断法相关市场界定研究》，湖南大学博士学位论文，2014 年。

② 林平、刘丰波：《双边市场中相关市场界定研究最新进展与判例评析》，载《财经问题研究》，2014 年第 6 期，第 22 ~ 30 页；Filistrucchi, L., Geradin, D., Damme, E., Affeldt, P. Market Definition in Two – Sided Markets：Theory and Practice ［R］. *TILEC Discussion Paper*, 2013.

采用 SSNIP 测试的临界损失分析方法，临界损失公式将会产生估计偏差和勒纳偏差两种方向相反的偏差。估计偏差是由于低估提价对市场需求产生的影响而使得对相关市场的界定过于狭小所形成的偏差。之所以会产生这种偏差，是因为没有考虑到反馈效应。而勒纳偏差的产生是因为在确定相关市场的过程中采用了单边市场的勒纳指数推算弹性，其结果是对相关市场的界定过宽（Evans and Noel，2008）[1]。上述两种偏差的大小主要依赖于估计技术，因此总体偏差的方向难以确定。

3.4.4 双边市场条件下相关市场界定的方法改进

针对双边市场对传统相关市场界定提出的新要求和新挑战，需要改变传统单边市场的固有思维，对传统的相关市场界定方法进行一定程度的改进和优化，从而为双边市场条件下反垄断审查中的相关市场界定提供新的视角和方法。

3.4.4.1 明确双边市场条件下相关市场界定的特殊性

鉴于双边市场条件对传统相关市场界定带来的难度，使得目前在横向兼并反垄断审查中对双边市场条件下相关市场界定采取了回避的做法，这将使得横向兼并的反垄断审查可能存在误判。回避不代表不存在，反而会影响横向兼并反垄断审查结果的准确性，不利于反垄断的竞争规制。因此，要改进双边市场条件下相关市场界定的方法，首要的是形成正确的理念和认知，不回避、不误判，在思想和意识上明确双边市场条件下相关市场界定的特殊性。在立法层面和制度执行层面，如果立法部门能将双边市场理论引入反垄断制度中，将促使法院、国务院反垄断委员会等执法部门正确分析双边市场的相关市场范围，主动判定具有

---

① Evans，D. S. and Noel，M. D. The Analysis of Mergers that Involve Multisided Platform Businesses [J]. *Journal of Competition Law and Economics*，2008，4（3）：663–695.

双边市场性质的平台企业的市场地位（缪文燕，2014）[1]，进而做出正确的相关市场界定。对此，可以借鉴国外反垄断审查实践，正确对待双边市场条件下相关市场界定的特殊性。例如，美国《2010 年横向兼并指南》中虽然没有明确规定双边市场条件下相关市场界定的处理方法，但改进了 SSNIP 的临界损失分析方法（critical loss analysis），使得 SSNIP 方法对相关市场界定更为简单和准确，也隐含了对双边市场条件下相关市场界定问题的诠释（缪文燕，2014）。同样，英国《2010 年并购评估指南》中也明确提出，横向兼并反垄断审查的执法机构应该在反垄断调查中关注双边市场的特征，并且要根据双边市场特点采用适合双边市场的方法来对相关市场进行科学、有效的界定，而不能简单地将传统的市场界定方法直接套用到双边市场。

3.4.4.2 在相关市场界定中统筹兼顾双边市场的两边子市场

由于双边市场包含两个不同的子市场，居中的平台企业为了争夺两边子市场的用户不得不在两边市场中都展开竞争，其结果是平台企业需要同时应对两边市场产生的竞争约束；同时，基于交叉网络外部性的原因，来自双边市场任意一边市场的竞争行为会同时影响到该边市场和另一边市场的行为，从而影响到平台企业的整体经营状况。因此，在双边市场条件下对相关市场进行界定的过程中，就需要将两边的子市场都考虑进来，对双边市场的两边子市场进行替代性分析，由此更为准确地界定平台企业面临的竞争约束；基于统筹兼顾原则得出相关市场的初步结论之后，还有必要根据双边市场的具体类型和双边市场的平台企业具体情况，对相关市场的初步结论进行整合，并确定最终的相关市场，由此保证横向兼并反垄断审查中相关市场界定范围与结论的准确性（谢骞，2012）。这提示我们，在实际的反垄断审查中，相关的执行机构或反垄断审查部门应当秉持统筹兼顾原则，无论双边市场的哪一边子市场是否

---

① 缪文燕：《论双边市场条件下相关市场界定的困境及出路》，山东大学博士学位论文，2014 年。

存在明显的非对称性定价，甚至是免费，都不应该忽视另一边的子市场；与此同时，不能因为平台企业在双边市场的一边具有支配地位，就推定平台企业在双边市场的另一边也具有支配地位（张素伦，2013[①]；缪文燕，2014）。

3.4.4.3 改进 SSNIP 测试法在双边市场条件下的适用性

作为目前国际上广泛认可的相关市场界定方法，SSNIP 测试法在单边市场条件下的横向兼并反垄断审查中已经得到广泛应用，但对双边市场条件下相关市场界定的适用性，还有待改进和完善。正如美国司法部在 First Data 案中所指出的："如果仅仅因为双边市场中包含有密码借记卡网络服务的双边特征，就认为假定垄断者测试法在相关市场界定中无效，则既不能得到经济学的支持，也无法从法学层面找到有效的依据"（United States，2014）[②]。在此背景下，不仅西方发达国家的反垄断部门基于双边市场的特征，在反垄断的司法实践中对 SSNIP 测试法在双边市场条件下的缺陷进行了改进，并设计出了多种替代性的辅助双边市场测定方法；国内外的学者们如 Rochet 和 Tirole（2006）[③]、吴绪亮（2013）[④] 等也对双边市场条件下 SSNIP 测试法的改进进行了研究，形成了改进后的双边市场 SSNIP 测试方法。对此，郑江梅（2014）进行了总结，主要体现为如下方面：

第一，改进了双边市场条件下 SSNIP 测试法的价格计算公式，从而使得双边市场条件下相关市场界定的结果更为准确客观。例如，Rochet 和 Tirole（2006）基于免费模式下平台企业双边市场结构下的产品价格

① 张素伦：《互联网服务的市场支配地位认定》，载《河北法学》，2013 年第 3 期，第 172~176 页。

② United States v. First Data Corp，http：//www. justice. gov/atr/cases/first0. htm，2014 - 4 - 15.

③ Rochet，J. and J. Tirole. Two - Sided Markets：A Progress Report ［J］. *The RAND Journal of Economics*，2006，37（3）：645 -667.

④ 吴绪亮：《反垄断法中的相关市场界定问题研究》，载《中国物价》，2013 年第 6 期，第 16~22 页。

计算提出了新的方法，从而奠定了双边市场条件下 SSNIP 测试法的计算模式。

第二，选取双边市场条件下 SSNIP 测试法恰当的基准价格。在双边市场条件下，如果固定成本过高，将使得基准价格的内部因素难以确定，故基准价格的计算应该与能够弥补固定成本但不产生额外利润的价格相适应。为此，可以考察在现有价格基础上提高价格所引起的市场变化情况。

第三，根据行业特征调整价格百分比。郑江梅（2014）认为，电信业相关市场界定的经济学理论和实践都表明，SSNIP 测试法在双边市场条件下依然适用，但将范围扩大之后，需要根据各个行业的具体特征调整价格百分比，并选取恰当的提价标准，从而避免相关市场界定的过宽或过窄问题。

3.4.4.4 合理采用新方法来界定双边市场条件下的相关市场

基于双边市场对传统相关市场界定方法的挑战，学者们提出了盈利模式测试法和销售方式测试法等新的相关市场界定方法。尽管上述方法在实际的应用过程中还存在不完善和制约的条件，但科学、合理地采用新方法，在一定程度上能够解决双边市场条件下相关市场的界定问题。

（1）盈利模式测试法。黄岩（2013）[①] 指出，盈利模式测试法的操作过程是按照收费对象和主体的不同，将双边平台市场划分为如下三类市场：第一类市场是为用户提供网络接入，其盈利模式的核心是网络介入时对用户收费；第二类市场是网站向广告主收费而形成的网络广告平台市场；第三类是基于网站平台向用户收取信息服务费形成的有偿网络内容服务市场。基于盈利模式测试法，在双边市场的相关市场界定中，不需要考虑产品与服务的技术特征与专业属性，只要双边市场中不同交

---

① 黄岩：《双边市场条件下相关市场的界定——以双边市场分类为视角》，载《经济法论丛》，2013 年第 45 期，第 109~130 页。

易主体的"盈利模式"具有可替代性，则属于同一个市场（吕明瑜，2011）①。虽然盈利模式测试法在实际的操作中简便易行，具有很好的操作性，但盈利模式测试法在操作过程中也存在一定的局限性，具体表现为如下三个方面：第一，采用盈利模式测试法来界定双边市场条件下的相关市场，主要侧重于界定获得利润的一边子市场，而容易忽略另一边子市场，导致结论的偏差性；第二，盈利模式测试法通过利润来源方式来界定相关市场，容易导致对双边市场条件下相关市场界定结论不够精准；第三，由于盈利模式测试法在测试双边市场条件下的相关市场时，其核心的标准是利润或价格，这将使双边市场条件下的免费服务或产品没有得到测试，但在实际的操作过程中，免费的服务或产品也可能与垄断产品产生竞争，从而使得对双边市场条件下的相关市场界定不准确（黄岩，2013）。

（2）销售方式测试法。伴随着技术进步尤其是互联网技术的快速发展，新的商业模式不断涌现，带来了新的营销方式和销售渠道。在此背景下，销售方式测试法应运而生。作为一种新的相关市场界定方法，销售方式测试法的基本操作思路是：根据销售方式的不同，具体计算不同销售市场中替代性的大小，以此来认定独立的相关市场（缪文燕，2014）。例如，欧盟委员会在对 Bertlesmann – Mondadori 网络图书销售并购案审查中，就采用了销售方式测试法，重点考察 Bertlesmann 公司的邮购、网络销售和图书俱乐部以及第三方平台销售等远程销售方式与传统的面对面店铺销售渠道的差异性，认为 Bertlesmann 公司的远距离销售能够使消费者更方便地获取图书等相关的产品与服务，因而将其远程销售界定为一个独立的相关市场。

---

① 吕明瑜：《网络产业中相关市场界定所面临的新问题》，载《政法论丛》，2011 年第 5 期，第 52～54 页。

3.5　本章小结

　　相关市场的界定及其评估是横向兼并反垄断审查的首要环节。对横向兼并反竞争效应的分析都是建立在相关市场界定的基础之上。因此，相关市场界定的合理与否，直接关系到最终的反垄断审查结果合理与否。本章在对相关市场的定义和常见的相关市场界定方法梳理的基础上，重点针对双边市场条件下相关市场界定所面临的挑战，以及可能的改进方法进行了详细分析，以期为横向兼并的反垄断规制实践提供重要的理论指导。

第 4 章

横向兼并的单边效应[①]

4.1 引 言

单边效应指的是横向兼并导致产（行）业中厂商数量的减少对厂商间相互作用的影响。例如，美国《横向兼并指南》将单边效应描述为："一起横向兼并即便不会增加厂商间相互协调的可能性也可能会降低竞争程度，因为厂商会发现在兼并后单边改变他们的行为是有利可图的，譬如，单方面提高价格和/或压缩产量。"[②] 横向兼并的单边效应之所以具有反竞争效应是因为兼并厂商将它们之间的竞争内部化，进而改变了它们的最优行动。进一步，之所以将这种反竞争效应称为"单边效应"是因为未参与兼并的竞争厂商的最优行动是由同样的兼并前和兼并后的纳什均衡和最佳反应函数来决定的。即便是未参与兼并的竞争者在兼并后没有采用与兼并前同样的行动，甚至是它们行动的改变增加了兼并厂

[①] 本章主要内容已发表在张曦：《双边市场横向兼并的福利效应研究》，载《商业研究》，2016 年第 3 期，第 51 ~ 58 页。

[②] U. S. Department of Justice and the Federal Trade Commission. *Horizontal Merger Guidelines*, Section 2. 2.

商的利润，这种效应依然是单边的。换言之，在未参与兼并的外部竞争者不改变自身战略的情形下，如果竞争者之间的横向兼并增强了参与兼并的内部厂商在兼并后市场上的市场势力，并运用其增强了的市场势力实施索取高价、减少产量或者其他减少竞争强度的行为，就形成了横向兼并的单边效应，而这种单边效应源自于参与兼并的厂商将它们之间的竞争内部化。

那么，横向兼并是否一定会形成单边效应？或者横向兼并是否一定会导致市场价格上涨？进一步，横向兼并的福利效应如何？是否一定会导致社会总福利水平下降？生产厂商多大幅度的效率提升或改进才能抵消价格上涨带来的消费者福利损失？影响单边效应的因素主要有哪些？针对这些问题，现有文献对传统市场（单边市场）上横向兼并的单边效应已经进行了充分、深入的研究，取得了丰硕的成果。Farrell 和 Shapiro（1990）的经典文献指出，只有横向兼并导致合并实体获得足够大的效率改进①即边际成本较大幅度的下降，横向兼并才可能导致兼并后的市场均衡价格下降。反之，如果横向兼并不能产生协同效应，则必然导致价格上涨。总之，在不产生协同效应的情况下，除非至少有一个高效率的厂商参与兼并，使得合并实体可以通过学习效应和/或规模经济效应获得的边际利润不小于各兼并参与厂商在兼并前的边际利润之和，兼并才不至于导致价格上涨。否则，由于合并实体在内部合理安排生产所带来的收益不足以抵消涨价的动机，横向兼并必将导致合并实体削减产量、提高价格，而未参与兼并的外部厂商将扩大产量，但总的效应是行业总产量下降，价格上涨。如果兼并使古诺竞争行为向合谋行为转变，则价格上升的幅度将更大。后续的研究进一步表明，影响传统单边市场

---

① 一起横向兼并是否可以让合并实体获得效率改进或效率提升，更一般地，获得低成本优势主要取决于以下几个方面：一是参与兼并的厂商的资产是否可以重新进行有效组合或配置，以提高资产的利用效率，扩大联合生产能力，形成资产协同效应；二是合并实体的各生产厂商之间能否通过合理化安排生产来协调彼此的产量，实现生产的规模经济；三是兼并是否可以产生学习效应，例如，实现技术、专利、管理技巧的共享。

上横向兼并单边效应的因素有很多，包括市场份额、成本、产能、进入情况、需求弹性、买方势力、耐用品投资或战略承诺、对破产厂商的保护等（张曦，2016）。一般而言，在兼并前和兼并后市场需求弹性不变的情况下，参与兼并的厂商的市场份额越大，横向兼并导致兼并后的市场均衡价格的上涨幅度就越大；参与兼并的厂商拥有的行业资本份额或产能越大，外部厂商扩大产出的能力就越弱，横向兼并的价格上涨幅度就越大；有效的进入可以抑制横向兼并的单边效应①，而进入的有效性又取决于市场进入的难易程度。进入的沉淀成本越高，譬如资产的专用性越强，进入越困难，进入对横向兼并的价格上涨效应的限制作用就越小，兼并后的价格可能就越高。同样，进入壁垒（如技术壁垒、行政壁垒）越高，进入越困难，进入对横向兼并的价格上涨效应的限制作用就越小，兼并后的价格可能就越高。市场需求弹性越小，厂商提高价格的空间和能力就越大；买方势力越强，厂商提价能力相对就越弱。但是，如果进行横向兼并的厂商是下游厂商，则兼并参与者的买方势力越强，横向兼并会导致其买方势力进一步增强，进而更易于从上游厂商处获得原材料或投入品的价格折扣或其他优惠，降低成本，获得成本竞争优势②，横向兼并导致的单边效应相对就会小一些。此外，消费者的转换成本、网络效应等因素也会削弱进入威胁对横向兼并的价格上涨效应的限制作用（张曦，2016）。

尽管现有文献的研究结论可以对传统市场横向兼并的单边效应进行较好的解释，但在试图将这些结论用于解释双边市场上发生的横向兼并现象③时却遇到了极大的挑战，因为双边市场所特有的交叉网络外部性和价格结构非中性使得厂商的行为选择及其结果与传统的单边市场中的厂商大不相同，对双边市场企业间的横向兼并进行反垄断规制所应考虑

---

① Davidson 和 Mukherjee（2007）还证明在 Bertrand 竞争下，自由进入同样抑制横向兼并的单边效应。

② Raskovich（2003）的研究却表明也可能出现相反的情况。参见第 2 章文献综述部分。

③ 如 eBay 并购易趣、亚马逊并购图书销售商 AbeBooks 等。

的因素较之单边市场应更多、更复杂。截至目前，现有文献尚不能清楚解释双边市场上企业间的横向兼并对其他竞争者及消费者福利的影响，也不清楚自由进入等因素的作用是否依然如同单边市场一样有重要的抑制反竞争的作用。为此，本研究拟在一个四平台框架中考虑横向兼并的单边效应，尤其是对消费者面临的最终价格的影响，以期进一步丰富双边市场反垄断规制方面的研究，并对反垄断当局的相关实践提供理论参考。

研究结果表明，不同于单边市场的并购理论，成本节约对价格的影响是非单调的，并依赖于交叉网络外部性。尤其是，当两个并购厂商间的距离较小时，如果交叉网络外部性较弱，消费者福利将受到侵害，但如果反垄断当局坚持的审查标准是总福利标准的话，兼并厂商的效率抗辩仍然是必要的，因为兼并厂商可能获得的收益有可能抵消消费者的福利损失。

4.2 相关文献回顾

自 Evans（2003）、Rochet 和 Tirole（2004）以及 Armstrong（2006）关于双边市场的经典文献问世之后，有关双边市场理论的研究便成为学界备受关注的一个学术热点和难点问题。

与单边市场相比较，双边市场的特征主要体现在需求、供给和多平台接入三个方面。首先，与传统市场上的功能性互补需求不同，在双边市场上，由于交叉网络外部性，平台两侧用户对平台提供的产品或服务存在显著的基于用户基础而产生的非功能性互补需求，即整个市场的需求源于平台两侧用户各自需求的联合需求，缺一不可，平台企业的供给需要同时协调好两侧用户的需求。例如，约会网站一侧的男性用户希望通过约会网站找到理想的女性约会对象，另一侧的女性用户则希望通过约会网站找到心仪的男性约会对象，而只有同时拥有大量的男性用户群和女性用户群的约会网站才能很好地匹配男性用户和女性用户的需求。其次，与传统市场不同，双边市场中平台企业提供的产品或服务是由两侧用户的联合需求决定的，且平台企业提供的产品或服务的成本具有高固定成本、低边际成本的特征，这就决定了一定的用户基础或客户基是平台企业获利的先决条件。平台企业可以充分利用交叉网络外部性，通过调节价格结构和产品/服务质量来调节双侧用户的需求，从而在最大限度地满足双侧用户需求的同时实现自身利润的最大化。最后，双边市场上的双侧用户普遍存在多平台接入特征。尽管用户的多平台接入并非双边市场固有的本质特征，但"这一特征对双边市场中平台企业的价格结构、竞争策略选择以及平台间兼容性选择都有一定的影响"（周正，2015）。之所以有这样的现象发生，关键还是由于交叉网络外部性的存在，用户希望通过多平台的接入来最大限度地获取因平台另一侧用户规模所带来的效用的增加。

一般而言，竞争对手之间的合并通常会引起市场力量的增强和较高的价格，从而损害消费者。然而，这个结论在双边市场上的正确性是存疑的。Evans（2003）认为，交叉网络外部性的存在使得用户从平台另一边商业伙伴的增加中所得到的效用可以抵消价格上涨的影响，其结果是横向兼并在导致平台两侧价格上涨的同时增加了社会福利，而非降低了社会福利水平。这一论点得到了一些学者的佐证。例如，翁轶丛等（2003）的研究表明，双边市场企业的横向兼并虽然在均衡状态下会降低兼并后的消费者福利水平，但是社会总福利水平却因一定的网络外部性强度而提高。但也有学者持相反意见，Chandra 和 Collard - Wexler（2009）通过对报纸业横向兼并问题的研究发现，由于垄断可能会产生更低的价格，因而横向兼并所增加的集中度可能并不会引起双边市场上任何一边的价格上涨，即存在价格降低的协同作用（Leonello，2010）。换言之，由于兼并平台可以内部化合作伙伴平台上的价格增加，兼并后的价格可能低于兼并前的价格。这一观点得到中国经验数据的证实。李新义和王浩瀚（2010）利用中国网络传媒业 2005 ～

2007 年的经验数据对双边市场横向兼并的定价及福利效应进行了实证分析，结果发现平台企业间的横向兼并对市场两侧用户的价格无显著影响，但对兼并厂商的长期盈利能力有明显的正向作用。不过，也有学者对这一观点表示怀疑，甚至提出与此相左的实证结论。例如，程贵孙等（2009）对具有负外部性的电视传媒平台企业横向兼并的研究发现，横向兼并虽然能够带来厂商利润的增加，且不至于伤害到广告主的利益，但兼并可能会造成社会整体福利水平的下降；Przemyslaw Jeziorski（2014）运用 1996~2006 年的数据对美国无线电产业的并购效率进行了分析，结果发现 1996~2006 年期间，听众的福利增加了 0.2%，广告商的福利下降了 21%。

之所以到目前为止，学界对于双边市场横向兼并的单边效应存在很大的争议，一方面是由于双边市场的复杂性所致，另一方面也与大家所采取的研究方法有关。Evans 和 Schmalensee（2007）认为，传统的兼并分析可能只适用于当市场的交叉网络外部性足够低的情况；Evans 和 Noel（2008）则认为，通过使用传统方法来分析双边市场的兼并问题会带来严重的错误。

值得一提的是，尽管对双边市场理论的正确认识和相关的对兼并问题的预测日益受到市场监管机构、公共政策制定机关的关注（Economides，2008，2010）①，然而具有讽刺意味的是，双边市场的本质并没有在决策中发挥系统作用，而是起到了相反的作用。例如，2012 年挪威 Edda 和 A - pressed 两大传媒之间的横向兼并宣告失败，因为反垄断当局给出的条件是在地方市场中进行有条件的结构补偿和资产分离；德意志交易所和纽约泛欧交易所的交易在 2012 年也被禁止，理由是反垄断当局认定兼并后成本的节约不足以抵消价格的上涨。显然，上述案例所体现出的反垄断当局的决策逻辑明显违背了大多数双边市场文献所涉及的

---

① Economides, N. Public Policy in Network Industries [J]. *Ssrn Electronic Journal*, 2008 (6 - 17).

理论，因为从经验研究、至少在个案研究中，双边市场的横向兼并可能不会降低社会总福利水平，这就提醒学界需要更进一步研究双边市场的横向兼并问题。

4.3 研究模型

本研究关注兼并厂商可获得成本节约条件下的定价策略以及兼并对消费者福利水平带来的影响。我们使用 Salop 模型作为研究框架，假定市场的双边是完全对称的，存在局外人，兼并可以获得成本节约，并且兼并后的价格是交叉网络外部性的函数。模型在相邻兼并的前提下计算和比较内部与外部平台的最优定价，考察两种不同情形：一是交叉网络外部性较弱；二是交叉网络外部性较强。

Salop 模型相对于 Hotelling 模型而言，前者是圆形城市模型，适用于多个厂商竞争的情形；后者是横向差异模型，适用于双寡头厂商竞争的情形。本研究的平台厂商处于多寡头的双边市场（如京东、苏宁、国美、新蛋），与 Salop 模型假设更为接近，所以选取 Salop 模型来对平台厂商兼并前后的定价及其福利效应进行分析。

4.3.1 基本假设

假定 1：在一个双边市场上有四个平台企业 $k \in \{A，B，C，D\}$ 参与价格竞争，且这四个平台企业等距离地分布在周长为 1 的圆周上；每个平台企业向双边市场客户提供同质的产品或服务，成本均为 c；N_i，$i \in \{1，2\}$，表示市场某一边的客户群体。

假定 2：平台两侧的用户均是单平台接入（single-homing），即只选择四个平台企业中的一家，不存在同时选择多个平台的行为。之所以假定用户的单平台接入，主要是基于以下三点理由：一是在所有用户都是单平台接入时，不存在用户对某个平台的内在偏好，除非某一平台的另一端有较多的用户或价格较低；二是在市场一侧的用户是多平台接入的情形下，市场另一侧的用户也具备多平台接入的激励，因为多平台接入不仅会提高用户交易成功的概率，而且使用户有机会选择费率更低的平台；三是模型简单，易于分析。

假定3：假设所有平台厂商没有价格歧视，客户保留效用足够大以至于可以保证市场被全覆盖，并且假定赶路成本为线性。

在上述假定约束下，参与平台的客户效用函数可以表示为：

$$U_i^k = \nu + \alpha_i n_j^k - p_i^k - t_i d_i^k \tag{4.1}$$

其中，$\alpha_i n_j^k$ 表示间接网络外部效用，d_i^k 代表客户和平台之间距离。

4.3.2 兼并前分析

每个平台都将会通过制定最优价格 p_i^k 来实现自身利润的最大化。假设用户 x_i^{AB} 参与平台 A 或平台 B 的效用是无差异的，于是有：

$$\nu + \alpha_i x_j^A - p_i^A - t_i x_i^{AB} = \nu + \alpha_i x_j^B - p_i^B - t_i\left(\frac{1}{4} - x_i^{AB}\right)$$
$$i = 1, 2; \ j = 1, 2; \ i \neq j \tag{4.2}$$

同理可得：

$$\nu + \alpha_i x_j^B - p_i^B - t_i x_i^{BC} = \nu + \alpha_i x_j^C - p_i^C - t_i\left(\frac{1}{4} - x_i^{BC}\right) \tag{4.3}$$

$$\nu + \alpha_i x_j^C - p_i^C - t_i x_i^{CD} = \nu + \alpha_i x_j^D - p_i^D - t_i\left(\frac{1}{4} - x_i^{CD}\right) \tag{4.4}$$

$$\nu + \alpha_i x_j^D - p_i^D - t_i x_i^{AD} = \nu + \alpha_i x_j^A - p_i^A - t_i\left(\frac{1}{4} - x_i^{AD}\right) \tag{4.5}$$

联立解式（4.2）~式（4.5）可得：

$$x_i^{AB} = \frac{4\alpha_i x_j^A - 4p_i^A - 4\alpha_i x_j^B + 4p_i^B + t_i}{8t_i}$$

$$x_i^{BC} = \frac{4\alpha_i x_j^B - 4p_i^B - 4\alpha_i x_j^C + 4p_i^C + t_i}{8t_i}$$

$$x_i^{CD} = \frac{4\alpha_i x_j^C - 4p_i^C - 4\alpha_i x_j^D + 4p_i^D + t_i}{8t_i}$$

$$x_i^{AD} = \frac{4\alpha_i x_j^A - 4p_i^A - 4\alpha_i x_j^D + 4p_i^D + t_i}{8t_i}$$

对平台 k（k ∈ {A，B，C，D}）而言，其 i（i ∈ {1，2}）边的总需求为：

$$x_i^A = x_i^{AB} + x_i^{AD}$$

$$x_i^B = x_i^{AB} + x_i^{BC}$$

$$x_i^C = x_i^{BC} + x_i^{CD}$$

$$x_i^D = x_i^{CD} + x_i^{AD}$$

为了使模型易于分析，我们简化一些外生变量，令 $\alpha_1 = \alpha_2 = \alpha$，$t_1 = t_2 = t$。由于四个平台均匀分布，k 的需求函数为：

$$
\begin{cases}
x_1^A = \dfrac{1}{4} + \dfrac{p_1^B + p_1^D - 2p_1^A + \alpha(2x_2^A - x_2^B - x_2^D)}{2t} \\[2mm]
x_2^A = \dfrac{1}{4} + \dfrac{p_2^B + p_2^D - 2p_2^A + \alpha(2x_1^A - x_1^B - x_1^D)}{2t} \\[2mm]
x_1^B = \dfrac{1}{4} + \dfrac{p_1^A + p_1^C - 2p_1^B + \alpha(2x_2^B - x_2^A - x_2^C)}{2t} \\[2mm]
x_2^B = \dfrac{1}{4} + \dfrac{p_2^A + p_2^C - 2p_2^B + \alpha(2x_1^B - x_1^A - x_1^C)}{2t} \\[2mm]
x_1^C = \dfrac{1}{4} + \dfrac{p_1^B + p_1^D - 2p_1^C + \alpha(2x_2^C - x_2^B - x_2^D)}{2t} \\[2mm]
x_2^C = \dfrac{1}{4} + \dfrac{p_2^B + p_2^D - 2p_2^C + \alpha(2x_1^C - x_1^B - x_1^D)}{2t} \\[2mm]
x_1^D = \dfrac{1}{4} + \dfrac{p_1^A + p_1^C - 2p_1^D + \alpha(2x_2^D - x_2^A - x_2^C)}{2t} \\[2mm]
x_2^D = \dfrac{1}{4} + \dfrac{p_2^A + p_2^C - 2p_2^D + \alpha(2x_1^D - x_1^A - x_1^C)}{2t}
\end{cases}
$$

解上述方程组可得需求的价格函数为：

$$x_1^A = \frac{t^4 - 2t^3(2p_1^A - p_1^B - p_1^D) - 2t^2\alpha(3p_2^A - 2p_2^B + p_2^C - 2p_2^D) - 5t^2\alpha^2 + 2t\alpha^2(5p_1^A - p_1^B - 3p_1^C - p_1^D) + 4\alpha^3(3p_2^A - p_2^B - p_2^C - p_2^D) + 4\alpha^4}{4(t^4 - 5t^2\alpha^2 + 4\alpha^4)}$$

$$x_1^B = \frac{t^4 + 2t^3(p_1^A - 2p_1^B + p_1^C) + 2t^2\alpha(2p_2^A - 3p_2^B + 2p_2^C - p_2^D) - 5t^2\alpha^2 - 2t\alpha^2(p_1^A - 5p_1^B + p_1^C + 3p_1^D) - 4\alpha^3(p_2^A - 3p_2^B + p_2^C + p_2^D) + 4\alpha^4}{4(t^4 - 5t^2\alpha^2 + 4\alpha^4)}$$

$$x_1^C = \frac{t^4 + 2t^3(p_1^B - 2p_1^C + p_1^D) - 2t^2\alpha(3p_2^A - 2p_2^B + 3p_2^C - 2p_2^D) - 5t^2\alpha^2 - 2t\alpha^2(3p_1^A + p_1^B - 5p_1^C + p_1^D) - 4\alpha^3(p_2^A + p_2^B + 3p_2^C + p_2^D) + 4\alpha^4}{4(t^4 - 5t^2\alpha^2 + 4\alpha^4)}$$

$$x_1^D = \frac{t^4 + 2t^3(p_1^A + p_1^C - 2p_1^D) + 2t^2\alpha(2p_2^A - p_2^B + 2p_2^C - 3p_2^D) - 5t^2\alpha^2 - 2t\alpha^2(p_1^A - 3p_1^B + p_1^C - 5p_1^D) - 4\alpha^3(p_2^A + p_2^B + p_2^C - 3p_2^D) + 4\alpha^4}{4(t^4 - 5t^2\alpha^2 + 4\alpha^4)}$$

$$x_2^A = \frac{t^4 - 2t^3(2p_2^A - p_2^B - p_2^D) - 2t^2\alpha(3p_1^A - 2p_1^B + p_1^C - 2p_1^D) - 5t^2\alpha^2 + 2t\alpha^2(5p_2^A - p_2^B - 3p_2^C - p_2^D) + 4\alpha^3(3p_1^A - p_1^B - p_1^C - p_1^D) + 4\alpha^4}{4(t^4 - 5t^2\alpha^2 + 4\alpha^4)}$$

$$x_1^B = \frac{t^4 + 2t^3(p_2^A - 2p_2^B + p_2^C) + 2t^2\alpha(2p_1^A - 3p_1^B + 2p_1^C - p_1^D) - 5t^2\alpha^2 - 2t\alpha^2(p_2^A - 5p_2^B + p_2^C + 3p_2^D) - 4\alpha^3(p_1^A - 3p_1^B + p_1^C + p_1^D) + 4\alpha^4}{4(t^4 - 5t^2\alpha^2 + 4\alpha^4)}$$

$$x_1^C = \frac{t^4 + 2t^3(p_2^B - 2p_2^C + p_2^D) - 2t^2\alpha(3p_1^A - 2p_1^B + 3p_1^C - 2p_1^D) - 5t^2\alpha^2 - 2t\alpha^2(3p_2^A + p_2^B - 5p_2^C + p_2^D) - 4\alpha^3(p_1^A + p_1^B + 3p_1^C + p_1^D) + 4\alpha^4}{4(t^4 - 5t^2\alpha^2 + 4\alpha^4)}$$

$$x_1^D = \frac{t^4 + 2t^3(p_2^A + p_2^C - 2p_2^D) + 2t^2\alpha(2p_1^A - p_1^B + 2p_1^C - 3p_1^D) - 5t^2\alpha^2 - 2t\alpha^2(p_2^A - 3p_2^B + p_2^C - 5p_2^D) - 4\alpha^3(p_1^A + p_1^B + p_1^C - 3p_1^D) + 4\alpha^4}{4(t^4 - 5t^2\alpha^2 + 4\alpha^4)}$$

平台的利润函数 $\prod^k$ 为：

$$\prod\nolimits^k = (p_1^k - c)x_1^k + (p_2^k - c)x_2^k, \quad k \in \{A, B, C, D\}$$

求平台 k 的利润最大化，由一阶条件 FOC 可得：

$$\frac{\partial \prod^k}{\partial p_1^k} = x_1^k - c(x_1^k)' + (p_2^k - c)(x_2^k)' = 0$$

$$\frac{\partial \prod^k}{\partial p_2^k} = x_2^k - c(x_2^k)' + (p_1^k - c)(x_1^k)' = 0$$

由四个平台在市场中的纳什均衡对称性，可以得到：$p_1^A = p_1^B = p_1^C = p_1^D \equiv p_1$，$p_2^A = p_2^B = p_2^C = p_2^D \equiv p_2$，进一步利用 Maple18 求解方程组，可得：

$$p_1 = p_2 = \frac{(t^2 + 3t\alpha + 2\alpha^2)(4ct - 6c\alpha + t^2 - 3t\alpha + 2\alpha^2)}{6\alpha(t^2 - 2\alpha^2)}$$

进而，平台企业的利润函数 $\prod^k$ 为：

$$\prod^k = \frac{(t^2 + 3t\alpha + 2\alpha^2)(4ct - 6c\alpha + t^2 - 3t\alpha + 2\alpha^2)}{12\alpha(t^2 - 2\alpha^2)} - \frac{c}{2}$$

4.4 相邻平台兼并的福利效应

在单边市场上，相邻厂商的兼并如果不是为了成本的降低，会提高整体市场的价格，但距离越远的厂商，价格提高得越不明显（Levy and Reitzes，1992）[1]；相邻厂商的兼并不仅提高了兼并厂商的利润，而且因封闭效应的存在提高了外围厂商的利润，但外围厂商利润增加的多少取决于其与兼并厂商间的距离。因此，非相邻厂商兼并的动机主要是成本的节省或者是可维持的共谋，而相邻厂商兼并的动机则主要是市场势力和利润的增长。相邻厂商兼并后，兼并厂商将意识到，运用其提高了市场势力在一个地区提高价格，将提高其在另一个地区的利润，因此其将提高价格，其他厂商将跟随提高他们各自的价格。那么，这一结论在双边市场上是否依然成立吗？为了验证这一点，区分清楚双边市场和单边市场兼并的区别，接下来，我们用四平台的模型框架分析双边市场上相邻平台间的横向兼并。

---

① Levy, D. T. and Reitzes, J. D. Anticompetitive Effects of Mergers in Markets with Localized Competition [J]. *Journal of Law, Economics, & Organization*, 1992 (8)：427–440.

假设平台 A 和 B 兼并，其位置和消费者意愿均保持不变，兼并者不关闭 A 或者 B 中的任何一个平台，因此仍有八个被决定的价格。我们假定兼并厂商的成本降低了 Δ，$\Delta \in (0, c)$，未参与兼并的厂商成本不变，因此有：

$$\prod{}^A + \prod{}^B = (p_1^A - c + \Delta)x_1^A + (p_2^A - c + \Delta)x_2^A + (p_1^B - c + \Delta)x_1^B$$
$$+ (p_2^B - c + \Delta)x_2^B$$

$$\prod{}^C = (p_1^C - c)x_1^C + (p_2^C - c)x_2^C$$

$$\prod{}^D = (p_1^D - c)x_1^D + (p_2^D - c)x_2^D$$

求平台 A + B 的利润最大化。由于平台 A + B 内部是对称均衡，平台 C 和 D 是对称均衡，故由一阶条件可得：

$$p^{A+B} = \frac{(t^2 + 3t\alpha + 2\alpha^2)\left[4t(c - \Delta) - 6\alpha(c - \Delta) + t^2 - 3t\alpha + 2\alpha^2\right]}{6\alpha(t^2 - 2\alpha^2)}$$

$$p^C = p^D = \frac{(t^2 + 3t\alpha + 2\alpha^2)(4ct - 6c\alpha + t^2 - 3t\alpha + 2\alpha^2)}{6\alpha(t^2 - 2\alpha^2)}$$

令式（4.6）表示兼并前后的价格差，易知：当 $\frac{2}{3}t < \alpha < \frac{\sqrt{2}}{2}t$ 时，$f > 0$；当 $\alpha = \frac{2}{3}t$ 时，$f = 0$；当 $0 < \alpha < \frac{2}{3}t$ 或 $\alpha > \frac{\sqrt{2}}{2}t$ 时，$f < 0$。

$$f(\Delta, \alpha, c) = p^{A+B} - p^* = \frac{(t^2 + 3t\alpha + 2\alpha^2)(3\alpha - 2t)\Delta}{3\alpha(t^2 - 2\alpha^2)} \tag{4.6}$$

由此，可以得到如下的命题。

命题 1：如果相邻厂商的兼并动机是节省成本，当交叉网络外部性 $\frac{2}{3}t < \alpha < \frac{\sqrt{2}}{2}t$ 时，兼并厂商提高了均衡价格，增加了厂商的利润，消费者因价格上涨而福利受损；当交叉网络外部性 $0 < \alpha < \frac{2}{3}t$ 或 $\alpha > \frac{\sqrt{2}}{2}t$ 时，兼并厂商降低了均衡价格，增加了消费者剩余，但兼并厂商由于存在成本的节约，其利润变化不明确；当 $\alpha = \frac{2}{3}t$ 时，兼并厂商的均衡价格不变，消费者剩余亦保持不变，但兼并厂商因成本降低而增加利润。

进一步，对式（4.6）求一阶条件 $f'(\Delta, \alpha) = 0$，舍去复数根，可得：

$$\alpha = \frac{\sqrt{35 + 5\sqrt{31}}}{10}t > \frac{\sqrt{2}}{2}t$$

对 t 和 Δ 分别赋值，令 t = 3，Δ = 0.5，利用 Maple18 函数绘图功能可以得到 f 的变化轨迹，如图 4 – 1 所示。

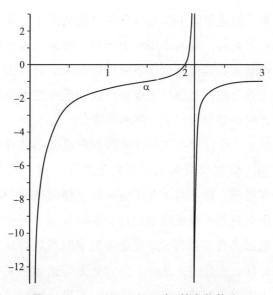

图 4 – 1　t = 3，Δ = 0.5 时 f 的变化轨迹

由函数图 4 – 1 可知，随着交叉网络外部性 α 的变化，f 不存在极值。

通过以上分析，双边市场上相邻厂商间的横向兼并对消费者福利的影响取决于平台两边用户的交叉网络外部性。强交叉网络外部性可诱使兼并厂商降低市场价格，从而增加消费者福利，并且兼并后，兼并厂商由于规模经济而降低了成本。相反，弱的网络外部性使兼并厂商提高了均衡价格，进而降低了消费者福利水平，不过兼并厂商同样因规模经济效应而降低了成本，在总福利反垄断审查标准下，效率抗辩仍然是必要

的。可见，双边市场横向兼并的效应远比单边市场复杂得多，反垄断当
局在对双边市场横向兼并进行反垄断审查时，需要审慎地判断其可能带
来的单边效应，不能简单地运用单边市场的相关理论同意或否定一起兼
并案例。

4.5　结论与反垄断政策含义

在未参与兼并的竞争者不改变自身战略的情形下，如果竞争者之间
的横向兼并导致兼并后厂商的市场势力增强，并运用其市场势力采取索
取高价、减少产量或者其他减少竞争强度的行为，就形成了横向兼并的
单边效应。单边效应的反竞争性主要源于横向兼并将本来是竞争关系的
兼并参与厂商之间的竞争内部化，缓和了竞争。

在单边市场上，尽管没有效率改进的横向兼并必然导致价格上涨和
消费者福利受损，但如果横向兼并可以使兼并厂商获得效率改进或提
升，情况就会变得不一样。当兼并厂商可以从横向兼并中获得足够大的
效率改进时，横向兼并不仅可以增加社会整体福利，还能够降低兼并后
的均衡价格，增加消费者福利。这就意味反垄断当局必须要综合运用市
场份额、需求弹性、市场进入条件、买方势力等诸多影响单边效应的因
素，在重点关注大厂商间横向兼并的同时，审慎地判断横向兼并可能产
生的效率改进。如果一起横向兼并不能产生协同效应或降低成本，应该
直接予以禁止；反之，如果能够产生成本协同效应，反垄断当局需要进
一步评估兼并厂商的效率改进是否可以大到足以增进社会整体福利，是
否足以使兼并后的均衡价格下降。

然而，在双边市场上，情况与单边市场迥然不同。某种程度上，交
叉网络外部性对消费者更有利。一个基本的观点是：强的交叉网络外部
性对厂商提供了降低市场价格的激励，从而使其可以更好地从需求增长
中获益，其基本原理类似于企业利润来自成本节约的观点；弱的交叉网

络外部性不能完全补偿兼并后的市场势力的影响作用，需要兼并厂商内部获得足够高的成本节约来促使他们降低价格。

由于兼并厂商和外部厂商定价策略的互补性，根据价格反应函数的斜率，外部厂商仍有可能降低价格，这对消费者福利的影响是毋庸置疑的。通过 Salop 圆形城市模型的分析，我们可以发现，网络外部效应参数 α 对兼并厂商定价行为的影响是显著的，或者可以等价地认为命题 1 的结果受到了双边市场理论的驱动。

可见，不同于单边市场的并购理论，成本节约对价格的影响不是单调的，并依赖于交叉网络外部性；如果兼并厂商不能获得成本的节约，在单边市场中，兼并后的市场均衡价格必然上涨，但在双边市场，由于足够强的网络外部性，消费者可能依然从中受益；当两个并购厂商间的距离较小时，如果交叉网络外部性较弱，厂商效率的提高有可能足以大于兼并后消费者福利的下降，也有可能会导致社会总福利水平下降。这在一定程度上证实了 Evans 和 Schmalensee（2007）的观点：当市场的双边性足够低时，传统的兼并分析仍然适用。这就提示反垄断当局，对双边市场横向兼并的单边效应的分析一定要慎重，不能简单地运用传统的针对单边市场上横向兼并的单边效应分析方法，而是要充分考虑兼并案例所在市场的具体特性，审慎地选择相对合理的分析工具，谨慎判断横向兼并可能产生的效率改进与网络外部性的强弱，并基于此做出最终选择：第一，如果一起横向兼并不仅可以使消费者受益，还能增加社会整体福利，则应该无条件予以批准；第二，如果一起横向兼并不能够增加消费者福利，则需要反垄断当局在生产厂商盈利增加与消费者福利下降之间进行权衡，考虑是无条件批准还是有条件批准。值得指出的是，如果横向兼并显著改变市场结构，反垄断当局应当认真考虑是否有别的途径来获得效率的改进。如果只能通过横向兼并才能获得效率改进，则应审慎地判断市场进入条件及潜在进入者进入的可能性，审慎地判断兼并的效率与可能引发的反竞争问题，如合谋问题。必要的情况下，可以采取资产剥离等补救措施来消除横向兼并的反竞争效应，恢复市场竞争。

4.6 本 章 小 结

尽管针对传统市场横向兼并单边效应的研究已经非常深入，取得了丰硕的成果，但用来解释双边市场发生的并购现象却遇到极大挑战。双边市场因网络交叉外部性和价格非中性的本质特征而大大区别于传统的单边市场，进而导致双边市场横向兼并的单边效应更难识别。基于相邻平台兼并的分析表明，成本节约对价格的影响是非单调的，并依赖于交叉网络外部性。在无成本节约的情形下，强交叉网络外部性仍然可以使消费者获益，提高社会总福利水平，但弱交叉网络外部性则未必会提高总社会福利水平，且会降低消费者福利水平。

第 5 章

横向兼并的协调效应

5.1 引　言

　　尽管目前理论界对于协调效应的解释不尽相同，但区别仅在于研究视角的不同，没有质的区别。就其本质而言，横向兼并的协调效应指的是一起横向兼并可能对行业内厂商的合谋动机、合谋范围以及稳定性的影响，是一种基于动态（重复）博弈的标准合谋理论或现代寡占理论的预判。考虑到公开合谋是各国竞争法或反垄断法所明文禁止的，所以对横向兼并协调效应的研究主要是针对默契合谋展开的。

　　合谋一般指的是厂商能够通过一套激励惩罚机制将价格提高并维持在短期最优反应曲线之上的能力。影响合谋的因素众多，但无论是什么因素，只要其有助于放松对厂商的激励约束，该因素就能促进合谋；反之，如果该因素将强化对厂商的激励约束，则该因素将不利于合谋。Ivaldi 等（2003）、莫塔（2006）、Kaplow 和 Shapiro（2007）等众多学者均对标准合谋理论文献进行了系统的梳理，认为市场集中、资产/成本对称性、竞争对手间交叉持股或其他形式的关联、定期订单、厂商拥有剩余产能、产品的同质性、易于达成一致的沟通机制、厂商行为的可观测、足够的参与者以及存在能够阻止潜在进入者轻易进入的行业进入壁垒等要素能够促进行业内厂商间合谋的达成与维持，而产能及成本的不对称、需求波动等则不利于合谋。其中，对称性对于合谋的影响尤为重要①。

建立在 Abreu（1988，1990）等经典文献基础上的标准合谋理论可以得出多重均衡解，但我们并不知道厂商会选择哪一个均衡。在显性合谋或公开合谋的情况下，厂商可以就某一个激励相容机制的多重均衡解进行协商谈判。如果信息是对称的，那么厂商将能选择一个位于帕累托效率前沿的均衡解。但在默契合谋的情形下，厂商显然是无法就合谋的多重均衡解进行协商的。因此，标准合谋理论并不能够对默契合谋行为给出很好的解释或预测。

相对于单边效应的文献而言，目前有关协调效应的理论文献相对较少，直接研究横向兼并的协调效应的文献就更加稀少。Davidson 和 Deneckere（1984）基于扳机触发策略（trigger strategies）研究了横向兼并对默契合谋可维持性的影响，结果表明：如果合谋协议在横向兼并发生前就是不可维持的，横向兼并将使得默契合谋隐含的触发点变得更加有利于局外人，即增加了未参与兼并厂商背叛默契合谋的动机，进而降低了合谋的可维持性。Compte，Jenny 和 Rey（2002）利用无限次重复博弈模型研究了产能不对称约束条件下的横向兼并对合谋动机的影响，结果发现厂商间的横向兼并并不必然有利于合谋的形成，相反，如果最大的厂商相对最小的厂商变得更大，合谋将变得更加困难。Vasconcelos（2005）在边际成本递增的成本不对称情形下，研究了横向兼并所导致的资产分布的改变对默契合谋的影响，结果表明：第一，如果行业内最

---

① Scherer 早在 1980 年就认识到："厂商间的成本差异越大，达成一致价格的难度就越大，实现联合利润最大化的可能就越低"。究其原因，一是当厂商就合谋价格存在分歧时，协调问题十分复杂且没有一个自然的焦点解；二是由于有效率的厂商即便是在竞争的环境下也能获得相对高的利润，因此吸引有效率的厂商加入合谋的难度较大；三是成本的不对称不利于合谋的维持。一方面，难以对有效率厂商背离合谋协议的行为进行惩罚；另一方面，有效率的厂商在短期内可以从背离合谋协议的行为中获得相对更多的收益。

小厂商的规模足够小，则横向兼并不会对合谋的范围产生影响。换言之，当且仅当兼并使行业内最小厂商的规模变大，该兼并才有利于合谋的形成和维持，因为它降低了最小厂商背离合谋的动机；第二，如果行业内最小的厂商规模不是太小，则横向兼并只有在其改变最小厂商或最大的厂商规模的情况下，才会对合谋产生影响，只不过影响的方向是截然相反的。如果兼并使行业内最小厂商的规模变大，则意味着兼并不仅减少了行业内的相互作用的厂商数量，而且增加了行业内规模最大厂商和最小厂商之间的对称性，在这二者的共同作用下，兼并将有利于合谋；但如果兼并使行业内规模最大的厂商变得更大，这将进一步加大行业内厂商间的不对称性，从而不利于合谋。与 Compte，Jenny 和 Rcy（2002）基于产能不对称的分析思路不同，Kühn（2004）在一个差异性产品的模型中基于生产线的差异分析了横向兼并的协调效应，结果表明，合谋的范围仅仅由最大厂商背离最严厉惩罚价格和最小厂商背离最高合谋价格的动机决定。市场上最小厂商通过兼并获得资产将促进合谋和提高最具获利性的合谋价格。然而，最大厂商通过兼并获得资产将趋向于破坏合谋和降低最具获利性的合谋价格。原因在于，一个小厂商通过兼并变得大一点后，它通过削价所获取的需求增量变少了，进而降低了其背离最高合谋价的动机。相反，一个大厂商当它相对市场规模变得更大后，很难会遭受什么可信的惩罚。因此，惩罚的有效性被削弱了。由于这些原因，最大厂商发起的兼并会导致与直觉相反的结果，那就是兼并降低了最高的可实现的合谋价格。进一步，在这种环境下，不对称增加的兼并将不具有获利性，因为兼并者的联合利润降低了。上述结论得到了仅有的一篇实证文献的支持。Ganslandt and Norback（2004）对1986～2002年间瑞典汽油零售市场发生的几起显著改变市场集中程度的横向兼并案例进行实证研究，结果显示没有证据表明横向兼并存在明显的协调效应。

　　尽管对全行业范围的合谋问题的研究一直是理论界的焦点，但受限于技术的约束，近些年来并未取得大的进展。目前的主流思想仍然是认为横向兼并的协调效应并没有欧美反垄断当局所认为的那么大。但无论是理论界也好，还是反垄断当局也好，都忽略了部分合谋问题，鲜有文献对部分合谋市场进行关注。现有的标准合谋理论并不能对一些行业业已存在①以及可能存在的部分合谋现象进行很好的解释。

Marc Escrihuela – Villar（2008）率先利用扳机触发策略（trigger strategy），探讨了存在部分合谋的市场上横向兼并对合谋的影响，结果发现在成本对称的市场上，横向兼并并没有像标准合谋理论认为的那样有利于合谋②，其与行业全体合谋（full collusion）之间不存在确定的关系，而且，参与部分合谋的厂商较之古诺寡占厂商的兼并动机要小很多，但是合谋确实提高了边缘竞争厂商的兼并动机。由于该研究采用的惩罚策略太过严酷，犯错的厂商没有悔过的机会，使得这种惩罚机制在犯错厂商抱有谅解的期盼时变得不再可信，导致其研究结论的解释力大打折扣。

考虑到公开合谋几乎为各国的法律所明文禁止，而 Abreu（1986）提出的包含有谅解行为的"胡萝卜加大棒"策略（carrot-and-stick strategy）又可以较好地解决扳机触发策略所固有的不可信问题，张曦（2013）采用"胡萝卜加大棒"策略对成本对称的部分合谋市场上横向兼并对默契合谋可能产生的影响进行了分析，结果表明：首先，如果横向兼并不能提升兼并厂商的效率，无论是参与合谋的厂商还是边缘竞争厂商，都基本上不具备兼并的动机。这与 Salant，Switzer 和 Reynold（1983）的研究结论基本一致。其次，即便在特定条件下厂商间发起了

---

① 例如，Levenstein 等（2003）引用的柠檬酸行业的例子。当时，3 个北美企业和 5 个欧盟企业因部分合谋（固定价格和分配市场）被反垄断当局处以罚金。当时这 8 个从事部分合谋的企业的市场份额达到了 60%。近些年的一个案例是，2009 年 11 月，欧盟对从事汽油塑料添加剂价格合谋的阿克苏、汽巴、埃尔夫阿基坦以及其他 7 家公司处以总额为 1.73 亿欧元的罚款，折合为美元高达 2.6 亿美元。

② 例如，马丁（2003）证明，在厂商成本对称（边际成本固定不变，固定成本为零）的情形下，无论是运用扳机策略还是"胡萝卜加大棒"策略，随着厂商数量的减少，用于维持非合作性合谋的联合利润最大化的利息率范围也相应增大，即横向兼并有利于合谋的维持。

横向兼并，但兼并将提高维持默契合谋所必需的最小临界贴现值，不利于默契合谋的维持。这一点有悖于传统观点，说明合谋的形成和维持是受众多复杂因素决定的，而非单纯的厂商数量。最后，两个参与合谋厂商间的横向兼并将导致行业从部分合谋变为完全合谋。这一点印证了传统理论中的横向兼并的结构效应观点，需要引起格外注意。需要指出的是，上述结论是在成本对称且兼并厂商不能获得效率改进的条件下得到的，与现实情况相距较远，因而对现实中风起云涌的兼并浪潮缺乏解释力。事实上，一方面，厂商间成本对称的假设在现实中较为少见，另一方面，厂商发起横向兼并的一个重要动力就是获得一定的效率改进，不管这种改进是通过管理协同还是技术协同，抑或是其他方式实现的。这就要求我们进行拓展研究，探讨成本不对称且兼并厂商可以获得效率改进的条件下横向兼并对合谋的影响。

通过上述文献的简要回顾，不难发现，对横向兼并协调效应的理解主要应关注兼并厂商的动机。兼并形成的厂商相较于兼并前的任一厂商而言，具有更大的动机在惩罚价格的基础上提高自己的产品售价，但却具有更小的动机在合谋价格的基础上降低自己的售价，因此，横向兼并对默契合谋的影响主要来自于对兼并形成的新厂商的惩罚动机的影响。

总之，现有文献对横向兼并的协调效应的理论研究告诉我们，大厂商参与的横向兼并将合谋变得更加困难，理论上尚不清晰协调效应是否大到足以将其视为是横向兼并的实质性反竞争效应（Kukn，2006），尤其是考虑到默契合谋的各方如何就多重均衡路径进行协商的困难，这种反竞争效应可能就比反垄断当局担忧的要低得多，然而近些年屡屡发生的合谋案例却又表明反垄断当局的担忧是不无道理的。这就需要更多的研究进行更为深入的探究，利用不同的研究方法从不同的角度丰富协调效应的理论。

5.2 成本不对称、横向兼并与部分默契合谋①

5.2.1 问题的提出

受标准合谋理论的影响，长期以来，很多学者和反垄断从业者都坚信厂商间的不对称性将阻碍合谋的形成和维持。Compte 等（2002）在 Nestle – Pirrier 兼并案的启发下，从动态的角度研究了同质品市场上产能不对称及横向兼并对默契合谋的影响，结果发现横向兼并是否具有协调效应取决于两种不同效应的强弱。当产能约束较轻时，横向兼并因减少了竞争厂商的数量而有利于合谋；但是，当厂商间产能分布的不对称性很强时，任何最大厂商参与的横向兼并将进一步加强产能的不对称性，这将对默契合谋造成伤害。Vasconcelos（2005）则在同质品市场上研究了成本不对称情形下横向兼并对默契合谋的影响，结果表明：如果行业内最小厂商的规模足够小，或者行业内最小厂商的规模不是太小，但横向兼并并不改变最小厂商或最大厂商的规模，则横向兼并对默契合谋没有任何影响；如果横向兼并使规模最大的厂商变得更大，这将进一步加大行业内厂商间的不对称性，从而不利于合谋；但如果兼并的结果是使行业内最小厂商的规模变大，兼并将有利于合谋，因为它在减少竞争厂商数量的同时，还增加了厂商间的对称性。与 Compte 等（2002）及 Vasconcelos（2005）对同质品市场的关注不同，Kühn（2004）探讨了异质品市场上横向兼并对合谋的影响，得到与 Compte 等（2002）及 Vasconcelos（2005）相似的结论，即合谋的范围仅仅由最大厂商背离最严

---

① 本部分内容已发表在张曦：《成本不对称、横向兼并与部分默契合谋》，载《商业研究》，2015 年第 11 期，第 63~73 页。

厉惩罚价格和最小厂商背离最高合谋价格的动机决定，最小厂商参与的横向兼并有利于合谋，而最大厂商参与的横向兼并却不利于合谋，原因是前者降低了最小厂商背离合谋路径的动机，后者提高了最大厂商背离惩罚路径的动机，降低了惩罚机制的可信度。根据这三篇经典文献的研究结论，似乎只有增加行业内最小厂商规模的横向兼并才会产生协调效应，中间规模厂商参与的横向兼并不会对合谋产生影响。然而，产业组织的标准合谋理论却认为，一项增加行业内厂商间对称性的横向兼并将有利于合谋的产生和维持。于是，便自然而然地产生了一个需要回答的理论问题：一起可以增进行业内大厂商间资产规模/成本对称性且不影响最大厂商和最小厂商地位的中间厂商间的横向兼并，尽管其对全体默契合谋没有影响，但是否会有利于大厂商间形成部分默契合谋？如果有利于形成部分默契合谋，那么这种合谋是否可维持？其价格效应和福利效应如何？为此，我们将在古诺寡占模型的基础上，通过比较静态分析和数值模拟相结合的方法，对上述问题进行系统分析。

5.2.2　基本模型

考虑一个同质品市场中有 n 家（n≥2）寡占厂商从事古诺产量竞争的情形。假设：

（1）行业反需求函数为连续可微的线性函数。

$$p(Q) = \max\{0, 1 - Q\} \tag{5.1}$$

其中，$Q = \sum_{i=1}^{n} q_i$，$q_i(i = 1, \cdots, n)$，分别代表行业总产出和厂商 i 自身的产出；p 是商品的价格。

（2）厂商的规模及成本各不相同。与 Perry 和 Porter（1985）以及 Vasconcelos（2005）一样，我们用厂商拥有的资产来代表其规模，并假定厂商拥有的资产数量与其成本呈反向变动关系，即厂商拥有的资产越多，其规模越大，相应的边际生产成本越低。令 $k_i(i = 1, \cdots, n)$ 表示厂商 i 拥有的资产，则厂商 i 的凸成本函数可以表示为：

$$C_i = cq_i + q_i^2/2k_i \qquad (5.2)$$

其中，$0 < k_i < 1$，$\sum_{i=1}^{n} k_i = 1$。显然，厂商的边际成本函数 $C_i' = c + \dfrac{q_i}{k_i}$ 是线性递增的。不失一般性，令 $0 < k_1 \leqslant \cdots \leqslant k_n < 1$，这样我们就可以对厂商进行排序。

（3）横向兼并将显著提升兼并厂商的效率，体现为资产的协同作用导致其边际成本的下降。若厂商 i 和 j 合并，则合并后的厂商的边际成本为 $1/(k_i + k_j)$。

（4）厂商间进行无穷次重复博弈，即 t = 1，2，…；在每一个阶段博弈结束时，所有厂商都可以观测到其他厂商在上一次博弈中的行动；同时，厂商具有相同的连续利润流的贴现因子 $\delta(0 < \delta < 1)$，$\delta = e^{-rt}$。

（5）对于任何满足 $\sum_{i=1}^{n} k_i = 1$ 条件的资产分布（k_1，…，k_4），在任何均衡路径上，参与合谋的厂商各自按照其拥有的资产占行业总资产的比例生产合谋产量 $k_i Q^c$ 或惩罚产量 $k_i Q^p$。我们将按照这个产量分配规则所得到无限博弈的子博弈精炼均衡（SPE）称为比例子博弈精炼纳什均衡（proportional – SPE）。

（6）令 v 表示整个行业在一个比例子博弈精炼纳什均衡中可持续获得的每一期得益（payoff），$\underline{v}(\delta) \equiv \inf v$ 表示整个行业在一个比例子博弈精炼纳什均衡中每一期可获得的最小得益，相应地，厂商 i 的得益为 $k_i \underline{v}(\delta)$，并且满足 $k_i \underline{v}(\delta) \geqslant 0$，因为厂商总是可以通过永不生产而获得零利润；类似的，令 $\bar{v}(\delta) \equiv \sup v$ 表示整个行业在一个比例子博弈精炼纳什均衡中每一期可获得的最大得益，$\bar{v}(\delta) \leqslant \prod(Q^m)$。

（7）维持合谋稳定的惩罚机制为 Abreu（1988）的简单惩罚规则（simple penal code），即潜在的短期偏离所得不大于因随之而来的惩罚所导致的预期损失的贴现值，可用如下的激励相容约束条件表示：

$$\frac{\pi_i(Q^c)}{1-\delta} \geqslant \pi_i^*(Q^c) + \delta V_i \qquad (5.3)$$

其中，$\pi_i^*(Q^c)$ 为厂商 i 在偏离合谋产量路径 Q^c 当期所获得的得益；V_i 为厂商 i 在偏离合谋产量路径 Q^c 之后所获得的得益总和在偏离行为发生下一期期初的贴现值[1]。为了简化分析，我们只考虑最优惩罚为最大惩罚的情形[2]，即惩罚支付 $\underline{v}(\delta) = 0$。

5.2.3　兼并前存在完美合谋的充分必要条件

如果兼并前市场存在完美的默契合谋，整个行业将会按照一个垄断厂商一样行事，而各厂商按照事先确定的按比例分配产量的规则生产 $k_i Q^c$ 的产量。根据成本函数（5.2），此时，厂商 i 的利润为：

$$\pi_i(Q^c) = k_i [(1 - Q^c - c)Q^c - (Q^c)^2/2] \qquad (5.4)$$

将垄断产量 $Q^m = \dfrac{1-c}{3}$ 带入式（5.4），可得市场均衡价格、单个厂商的利润与产量，分别为：

$$p = a - bQ^m = \frac{2+c}{3} \qquad (5.5)$$

$$\pi_i(Q^m) = k_i \frac{(1-c)^2}{6} \qquad (5.6)$$

$$q_i^c = k_i Q^c = k_i \frac{1-c}{3} \qquad (5.7)$$

显然，厂商越小，其在合谋产量路径上的产出就越小，在没有单边偿付（如最大的厂商对其进行货币补偿）的情形下，这就意味着厂商越小，因而效率越低，其得到的合谋利润也相对越低。

假定厂商 i 在其他厂商均按照合谋路径上的产量生产的情况下，单边偏离合谋产量路径，此时，其将最大化式（5.8）的利润函数来选择

---

① 当然，V_i 也可以如 Vasconcelos（2005）那样，进一步将其表示为"胡萝卜加大棒"形式的"比例两阶段惩罚机制"（proportional two-phase penal code）。

② Vasconcelos（2005）在比例两阶段惩罚机制（proportional two-phase penal code）下进行了全面的分析，包括惩罚机制弱大于零的情形。

其偏离产量：

$$\pi_i^* (Q^c) = [1 - q_i - (1 - k_i) Q^c] q_i - cq_i - \frac{(q_i)^2}{2k_i} \quad (5.8)$$

令 $Q^c = Q^m$，并对式（5.8）求关于 q_i 的一阶必要条件，可得厂商 i 的最优偏离产量 q_i^d 为：

$$q_i^d = \frac{(1 - c)(2 + k_i)}{3(2k_i + 1)} k_i \quad (5.9)$$

将式（5.9）代入式（5.8），可得厂商 i 当期背离合谋产量路径的最大化利润

$$\pi_i^* (Q^c) = \frac{(1 - c)^2 (2 + k_i)^2}{18(2k_i + 1)} k_i > 0 \quad (5.10)$$

由于 $\frac{\partial}{\partial k_i} \left(\frac{\pi_i^* (Q^m)}{\pi_i (Q^m)} \right) = -2 \frac{(1 - k_i)(2 + k_i)}{3(2k_i + 1)^2} < 0$，故厂商越小，其偏离合谋路径越有利可图，因为它可以从竞争对手那里窃取产量。因此，要想保证合谋的稳定性，必须找到一个合适的贴现因子 δ，使得规模最小的厂商没有动机偏离完美合谋产量路径。在最大惩罚约束机制即 $\underline{v}(\delta) = 0$ 的条件下，将 $\underline{v}(\delta) = 0$ 及式（5.6）、式（5.10）代入式（5.3），即可得到：

$$\delta \geqslant \frac{\pi_i^* (Q^m) - \pi_i (Q^m)}{\pi_i^* (Q^m)} = \frac{(1 - k_i)^2}{(2 + k_i)^2} \equiv \tilde{\delta}_i \quad (5.11)$$

因为 $\frac{\partial \tilde{\delta}_i}{\partial k_i} = -\frac{6(1 - k_i)}{(2 + k_i)^3} < 0$，所以式（5.11）在规模最小的厂商处约束是紧的，这就意味着在最大惩罚机制下，没有厂商具备偏离合谋路径动机的充分必要条件是：

$$\delta \geqslant \frac{(1 - k_n)^2}{(2 + k_n)^2} \equiv \tilde{\delta}_n \quad (5.12)$$

5.2.4 中间厂商间的横向兼并对部分合谋的影响

直觉上，只要最小的厂商规模足够小，横向兼并将增加大厂商间的

对称性，使得因兼并而成本变得较为接近的大厂商间更易于达成合谋，且这种合谋又不足以吸引小厂商参与进来。为了验证这个思想的正确性，我们考虑一个同质品市场中有 4 家（n = 4）厂商的简化情形。此时，各厂商的资产分布情况满足 $0 < k_4 < k_3 \leqslant k_2 < k_1 < 1$，$\sum_{i=1}^{4} k_i = 1$，其中，$k_4 \in \left(0, \dfrac{1}{5}\right)$，$k_1 \in \left(\dfrac{2}{5}, 1\right)$[①]。

现在令厂商 2 和厂商 3 进行新设合并，并将合并后形成的新厂商标记为 N。由于兼并形成了完全的资产协同效应，故新厂商的成本函数为

$$C_N = cq_N + q_N^2 / (1 - k_1 - k_4) \tag{5.13}$$

假设厂商 1 和厂商 N 按照前述的比例分配规则达成限制产量的默契合谋协议[②]，并联合扮演一个 Stackelberg 产量领导者的角色，而厂商 4 因规模太小不愿意加入默契合谋，留在了合谋集团外，成为一个古诺产量设定的边缘竞争厂商，即厂商 4 将部分合谋集团的产出 Q_{pc}^c 视为固定，借此来决定自己的利润最大化产量。于是，厂商 4 的最佳反应函数为：

$$q_4(Q_{pc}^c) = \frac{(1 - c - Q_{pc}^c)}{1 + 2k_4} k_4 \tag{5.14}$$

其中，Q_{pc}^c 为部分合谋集团在考虑了边缘性竞争厂商 4 反应的基础上，面对剩余需求曲线所选择的一个总产出。将式（5.14）代入式（5.1），即可得合谋集团所面对的剩余需求曲线；

$$p(Q_{pc}^c) = 1 - \frac{[(1 + k_4)Q_{pc}^c + (1 - c)k_4]}{1 + 2k_4} \tag{5.15}$$

在合谋产出路径上，厂商 1 和厂商 N 将分别按照 $\dfrac{k_1}{1 - k_4}$ 和 $1 - \dfrac{k_1}{1 - k_4}$

---

① 之所以对 k_1，k_4 的取值做此限定，就是为了保证厂商 2 和厂商 3 之间的兼并不会改变厂商 1 和厂商 4 各自在行业中的地位。

② 这符合内生形成的卡塔尔稳定性要求，即至少行业内一半以上的厂商参与合谋（Shaffer，1990）。

的比例分配垄断产出。此时的垄断产出 Q_{pc}^m 可由最大化下式得到：

$$\prod(Q_{pc}^m) = \prod(Q_{pc}^c) = \left\{ 1 - \frac{[(1+k_4)Q_{pc}^c + (1-c)k_4]}{1+2k_4} \right\}$$

$$Q_{pc}^c - cQ_{pc}^c - \frac{(Q_{pc}^c)^2}{2(1-k_4)} \qquad (5.16)$$

解式（5.16）可得垄断产出为：

$$Q_{pc}^m = \frac{(1-c)[1-(k_4)^2]}{3+2k_4(1-k_4)} \qquad (5.17)$$

进而可以得到兼并后部分合谋市场上的均衡价格 p^{after}、边缘竞争厂商4的古诺产量和每一期利润，以及厂商1和厂商 N 在合谋路径上每一期各自的产量和利润：

$$p^{after}(Q) = 1 - \frac{(1-c)[1+4k_4+(k_4)^2-3(k_4)^3]}{(1+2k_4)[3+2k_4(1-k_4)]} \qquad (5.18)$$

$$q_4^f \frac{(1-c)[2+2k_4-(k_4)^2]}{(1+2k_4)[3+2k_4(1-k_4)]}k_4 \qquad (5.19)$$

$$\pi_4(q_4^f) = \frac{1}{2}\frac{(1-c)^2[2+2k_4-(k_4)^2]^2}{(1+2k_4)[3+2k_4(1-k_4)]^2}k_4 \qquad (5.20)$$

$$\prod(Q_{pc}^m) = \frac{(1-c)^2(1+k_4)^2(1-k_4)}{2(1+2k_4)[3+2k_4(1-k_4)]} \qquad (5.21)$$

$$q_1^c = \frac{(1-c)[1-(k_4)^2]}{3+2k_4(1-k_4)}\frac{k_1}{(1-k_4)} \qquad (5.22)$$

$$\pi_1(Q_{pc}^m) = \frac{(1-c)^2(1+k_4)^2(1-k_4)}{2(1+2k_4)[3+2k_4(1-k_4)]}\frac{k_1}{(1-k_4)} \qquad (5.23)$$

$$q_N^c = \frac{(1-c)[1-(k_4)^2]}{3+2k_4(1-k_4)}\left[1-\frac{k_1}{1-k_4}\right] \qquad (5.24)$$

$$\pi_N(Q_{pc}^m) = \frac{(1-c)^2(1+k_4)^2(1-k_4)}{2(1+2k_4)[3+2k_4(1-k_4)]}\left[1-\frac{k_1}{(1-k_4)}\right] \qquad (5.25)$$

由于厂商 N 相对厂商1规模较小，按照比例分配原则，其从合谋中分享到的利润也相应较小，故其更具有偏离合谋产量路径的动机。当厂商 N 试图偏离合谋产量路径时，它将在其他合谋厂商即厂商1仍生产合谋产量的条件下最大化下式来确定其最优偏离产量：

$$\pi_N^*(Q_{pc}^c) = \left\{ 1 - \frac{\left[(1 + k_4)\left(q_N + \dfrac{k_1}{1 - k_4}Q_{pc}^c\right) + (1 - c)k_4 \right]}{1 + 2k_4} \right\}$$

$$q_N - cq_N - \frac{(q_N)^2}{2(1 - k_1 - k_4)} \tag{5.26}$$

令 $Q_{pc}^c = Q_{pc}^m$，对式（5.26）求关于 q_N 的一阶条件，可得厂商 N 的最优偏离产量

$$q_N^d = \frac{(1 - c)(1 + k_4)(1 - k_1 - k_4)[3 - k_1 - k_1 k_4 + 2k_4(1 - k_4)]}{[3 + 2k_4(1 - k_4)][1 + 2k_4 + 2(1 + k_4)(1 - k_1 - k_4)]}$$

$$\tag{5.27}$$

将 q_N^d 代入式（5.26）替换 q_N，可以得到厂商 N 偏离合谋产量的当期收益

$$\pi_N^*(Q_{pc}^m) = \frac{1}{2} \frac{(1 - c)^2 (1 + k_4)^2 (1 - k_1 - k_4)}{(1 + 2k_4)[3 + 2k_4(1 - k_4)]^2}$$

$$\frac{[3 - k_1 - k_1 k_4 + 2k_4(1 - k_4)]^2}{[1 + 2k_4 + 2(1 + k_4)(1 - k_1 - k_4)]} \tag{5.28}$$

由 Vasconcelos（2005）可知，在简单惩罚规则下，合谋得以维持的充要条件是规模最小的厂商不具备偏离合谋路径的动机，由此得到命题 1。

命题 1：在最大惩罚策略 $\underline{v}(\delta) = 0$ 和按比例分配产量原则的约束下，$\bar{v}(\delta) = \prod(Q_{pc}^m)$，当且仅当

$$\delta \geqslant 1 - \frac{[3 + 2k_4(1 - k_4)][1 + 2k_4 + 2(1 + k_4)(1 - k_1 - k_4)]}{[3 - k_1 - k_1 k_4 + 2k_4(1 - k_4)]^2} \equiv \tilde{\delta}_N$$

$$\tag{5.29}$$

证明：将 $\underline{v}(\delta) = 0$ 及式（5.25）、式（5.28）代入式（5.3），即可得到式（5.29）。证毕。

比较式（5.29）和式（5.12），不难发现，部分合谋的内部稳定性不仅与行业内最小厂商的规模 k_4 有关，而且和最大厂商的规模 k_1 有关。

进一步，由命题1及兼并前市场不存在全体合谋的约束条件，可以得到兼并引发的部分合谋稳定的内部条件——命题2。

命题2：当 $k_4 \in (0, 0.2)$，$k_1 \in (0.4, 0.73)$ 时，中间厂商兼并引发的部分合谋稳定的内部条件恒成立，即

$$\frac{(1-k_4)^2}{(2+k_4)^2} > \delta \geq 1 - \frac{[3+2k_4(1-k_4)][1+2k_4+2(1+k_4)(1-k_1-k_4)]}{[3-k_1-k_1k_4+2k_4(1-k_4)]^2}$$

$$(5.30)$$

证明：将式（5.30）进行化解，可得

$(1-k_4)^2[3-k_1-k_1k_4+2k_4(1-k_4)]^2 - (2+k_4)^2[3-k_1-k_1k_4+2k_4(1-k_4)]^2 + (2+k_4)^2[3+2k_4(1-k_4)][1+2k_4+2(1+k_4)(1-k_1-k_4)] > 0$

令 $z(x, y) = (1-x)^2(3-y-xy+2x-2x^2)^2 - (2+x)^2(3-y-xy+2x-2x^2)^2 + (2+x)^2(3+2x-2x^2)[1+2x+2(1+x)(1-x-y)]$。由于高阶（5 次及以上）函数没有统一求解公式，所以，我们借助 MATLAB 进行编程绘图，通过观察图形分析函数 $z(x, y)$ 在自变量的定义域 $x \in (0, 0.2)$，$y \in (0.4, 0.1)$ 内的取值情况。

理论上，在一个四厂商的寡占市场，如果中间厂商的合并不改变最大和最小厂商的地位，那么，最大厂商拥有的资产占行业总资产的比例需严格大于 40%，并可以无限接近于 1，于是我们编写如下 MATLAB 程序：

```
x = 0:0.01:0.2;
y = 0.4:0.03:1;
[x,y] = meshgrid(x,y);
z = ((1-x).^2).*((3-y-x.*y+2*x-2*x.^2).^2)-((2+x).^2).*((3-y-x.*y+2*x-2*x.^2).^2)+((2+x).^2).*(3+2*x-2*x.^2).*(1+2*x+2*(1+x).*(1-x-y));
```

mesh(x,y,z)

　　运行上述程序得到图 5 - 1 所示的三维图形，不难发现，当 $y \in$ (0.4，1) 时，函数 z(x，y) 的值有正有负，在该定义域内，不能保证函数 z(x，y) >0。

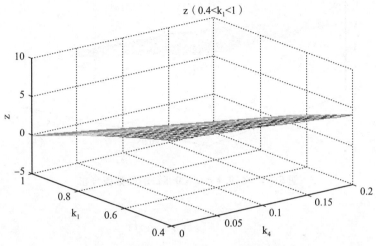

图 5 - 1　Z(0.4 < k_1 < 1) 的函数值分布

　　事实上，在一个寡占市场上，如果一个厂商能够拥有 50% 的资产比例，那就已经非常大了，所以我们将 y 的定义域缩小到 $y \in$ (0.4，0.5) 时，得到图 5 - 2。观察图 5 - 2，显然，函数 z(x，y) 的值均显著大于0，说明满足函数 z(x，y) >0 的 y 的定义域可以还可以扩大。于是，进一步扩大 y 的定义域进行图形描绘，结果发现当其扩大到 $y \in$ (0.4，0.73) 时，函数 z(x，y) 的值仍然全部为正 (见图 5 - 3)，但当 $y \in$ (0.4，0.74) 时，函数 z(x，y) 的值就出现了负值 (见图 5 - 4)。

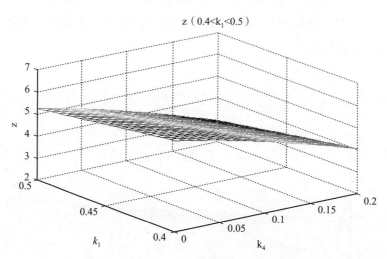

图 5-2　Z(0. 4 < k₁ < 0. 5)　的函数值分布

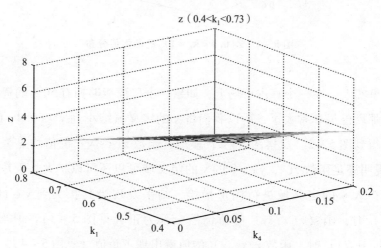

图 5-3　Z(0. 4 < k₁ < 0. 73)　的函数值分布

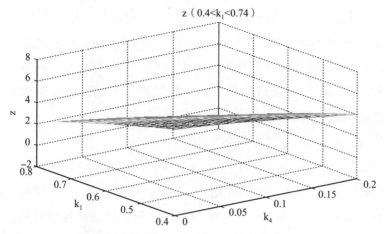

图 5 - 4　$Z(0.4 < k_1 < 0.74)$ 的函数值分布

综上所述，我们可以不太严格地说，当 $x \in (0, 0.2)$，$y \in (0.4, 0.73)$ 时，式（5.30）恒成立。

命题 2 表明，在一个不能产生全行业合谋的市场上，中间厂商的合并有利于部分合谋的形成。但要想让部分合谋能够持续稳定，尚需边缘竞争厂商不具备加入部分合谋集团的动机。在我们的四厂商模型中，这就要求厂商 4 作为边缘竞争厂商的收益要不低于参与合谋集团从而在全行业合谋条件下按比例得到的合谋收益，于是得到命题 3。

命题 3：当 $k_4 \in \left(0, \dfrac{1}{5}\right)$ 时，中间厂商兼并引发的部分合谋的外部稳定性条件恒成立，即在中间厂商间的兼并不改变最大厂商和最小厂商地位的情况下所引发的部分合谋市场上，边缘竞争厂商不具备加入合谋集团的动机。

证明：一个部分合谋的外部稳定性要求边缘竞争厂商不具备加入合谋集团的动机，这意味着 $\pi_4(q_4^f) \geqslant k_4 \prod (Q^m)$。将式（5.6）和式（5.20）代入 $\pi_4(q_4^f) \geqslant k_4 \prod (Q^m)$，即可得到：

$$3[2 + 2k_4 - (k_4)^2]^2 - (1 + 2k_4)[3 + 2k_4(1 - k_4)]^2 \geqslant 0 \quad (5.31)$$

令 $y(x) = 3(2 + 2x - x^2)^2 - (1 + 2x)(3 + 2x - 2x^2)^2$。显然，函数 $y(x)$ 连续可微且具有二阶导数。由于高阶（5 次及以上）函数没有统一求解公式，所以只能借助函数的一阶导数来判断其分段函数的单调性，并利用端点值来获知其解析解的取值范围。

首先，对 $y(x)$ 求一阶导数，有

$$y'(x) = 12(2 + 2x - x^2)(1 - x) - 2(3 + 2x - 2x^2)(5 + 2x - 10x^2)$$

然后，令 $y'(x) = 0$，利用 MATLAB 可解得 $x_1 = 1.7236$，$x_2 = 0.6958$，$x_3 = -0.1660$，$x_4 = -0.7533$。按照函数连续性的性质，如果一阶导数等于 0 的相邻解获得之后，则任意一个处于相邻解区间内的自变量的一阶导数要么一致为正，要么一致为负数，不可能出现正负相间的现象。这说明在一阶导数等于 0 的某个相邻解个区间内，原函数单调递增或单调递减。

由 $y'(x) = 0$ 的四个解，可以将函数 $y(x)$ 的定义域划分为 5 个区间，分别为 $(-\infty, -0.7533)$，$[-0.7533, -0.1660)$，$[-0.1660, 0.6958)$，$[0.6958, 1.7236)$，$[1.7236, +\infty)$。显然，$x \in (0, 0.2)$ 落入原函数 $y(x)$ 定义域 $[-0.1660, 0.6958)$ 内。将 $x = 0$ 代入函数 $y'(x)$，可得 $y'(x = 0) = -6 < 0$，说明在区间 $(-0.1660, 0.6958)$ 内，$y'(x) < 0$，原函数 $y(x)$ 在该区间单调递减（见图 5 - 5）。于是，分别将 $x = 0$ 和 $x = 0.2$ 这端点代入原函数 $y(x)$，得到 $y(x = 0) = 3$，$y(x = 0.2) = 0.71584$，所以原函数 $y(x)$ 在区间 $(0, 0.2)$ 的最小值为 0.71584，大于 0，故函数在整个定义域 $x \in (0, 0.2)$ 中的值均为正（见图 5 - 6），式（5.31）恒成立。证毕。

综上，当且仅当式（5.29）、式（5.30）和式（5.31）同时成立，中间厂商的兼并才有利于形成一个稳定的部分合谋，引发协调效应。

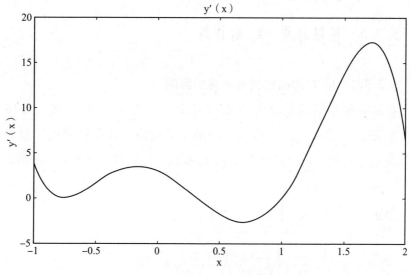

图 5 - 5 函数 y(x) 的取值变化

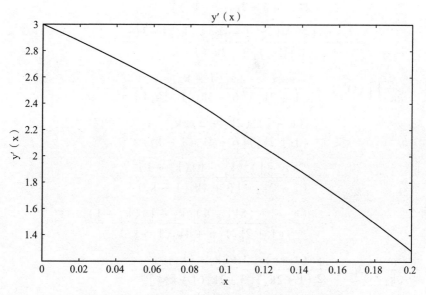

图 5 - 6 x ∈ (0, 0.2) 时函数 y(x) 的取值变化

5.2.5 拓展分析: k_4 的作用

5.2.5.1 k_4 对均衡价格与产量的影响

在横向兼并引发的部分合谋市场上，由式（5.17）、式（5.18）、式（5.20）及式（5.21）可知，市场均衡价格、合谋厂商的产量及利润均是边缘竞争厂商资产拥有量 k_4 的函数，分别对上述 4 个式子求关于 k_4 的一阶导数，可得:

$$\frac{\partial Q_{pc}^m}{\partial k_4} = -\frac{2(1-c)\left[1+k_4+(k_4)^2\right]}{\left[3+2k_4(1-k_4)\right]^2} < 0$$

$$\frac{\partial p^{after}}{\partial k_4} = -\frac{(1-c)\left[4+2k_4-9(k_4)^2\right]}{(1+2k_4)\left[3+2k_4(1-k_4)\right]} +$$

$$\frac{2(1-c)\left[1+4k_4+(k_4)^2-3(k_4)^3\right]}{(1+2k_4)^2\left[3+2k_4(1-k_4)\right]} +$$

$$\frac{(1-c)(2-4k_4)\left[1+4k_4+(k_4)^2-3(k_4)^3\right]}{(1+2k_4)\left[3+2k_4(1-k_4)\right]^2}$$

$$\frac{\partial}{\partial k_4}\prod(Q_{pc}^m) = \frac{(c-1)^2(1+k_4)^2}{(1+2k_4)\left[6+4k_4(1-k_4)\right]} +$$

$$\frac{(c-1)^2(2k_4+2)(k_4-1)}{(1+2k_4)\left[6+4k_4(1-k_4)\right]} -$$

$$\frac{2(c-1)^2(k_4-1)(k_4+1)^2}{(1+2k_4)^2\left[6+4k_4(1-k_4)\right]} +$$

$$\frac{(c-1)^2(8k_4-4)(k_4-1)(k_4+1)^2}{(1+2k_4)\left[6+4k_4(1-k_4)\right]^2}$$

$$\frac{\partial}{\partial k_4}\pi_4(q_4^f) = \frac{1}{2}\frac{(1-c)^2\left[2+2k_4-(k_4)^2\right]^2}{(1+2k_4)\left[3+2k_4(1-k_4)\right]^2} -$$

$$\frac{(1-c)^2 k_4(2k_4-2)\left[2+2k_4-(k_4)^2\right]}{(1+2k_4)\left[3+2k_4(1-k_4)\right]^2} -$$

$$\frac{(1-c)^2 k_4\left[2+2k_4-(k_4)^2\right]^2}{(1+2k_4)^2\left[3+2k_4(1-k_4)\right]^2} +$$

$$\frac{(1-c)^2 k_4 (4k_4 - 2)[2 + 2k_4 - (k_4)^2]}{(1 + 2k_4)[3 + 2k_4(1 - k_4)]^3}$$

令　$z = \dfrac{[4 + 2x - 9x^2]}{(1 + 2x)[3 + 2x(1 - x)]} - \dfrac{2[1 + 4x + x^2 - 3x^3]}{(1 + 2x)^2[3 + 2x(1 - x)]} -$

$\dfrac{(2 - 4x)[1 + 4x + x^2 - 3x^3]}{(1 + 2x)[3 + 2x(1 - x)]^2}$。利用 MATLAB 可以得到图 5 - 7 的结果。观

察图 5 - 7，显然，在定义域内，函数值 z 均一致为正，故 $y = (c - 1)z <$

0，即 $\dfrac{\partial p^{\text{after}}}{\partial k_4} < 0$。

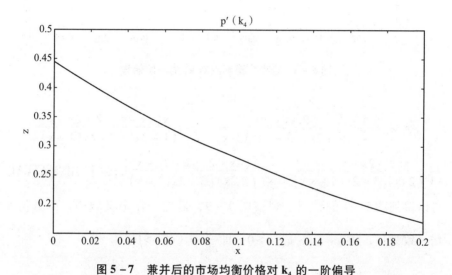

图 5 - 7　兼并后的市场均衡价格对 k_4 的一阶偏导

同样，令 $z = \dfrac{(1 + x)^2}{(1 + 2x)[6 + 4x(1 - x)]} + \dfrac{(2x + 2)(x - 1)}{(1 + 2x)[6 + 4x(1 - x)]} -$

$\dfrac{2(x - 1)(x + 1)^2}{(1 + 2x)^2[6 + 4x(1 - x)]} + \dfrac{(8x - 4)(x - 1)(x + 1)^2}{(1 + 2x)[6 + 4x(1 - x)]^2}$，利用 MATLAB 可

以得到图 5 - 8 的结果。观察图 5 - 8，显然，在定义域内，函数值 z 均

一致为负，故 $y = (c - 1)^2 z < 0$，即 $\dfrac{\partial}{\partial k_4}\prod (Q_{pc}^m) < 0$。

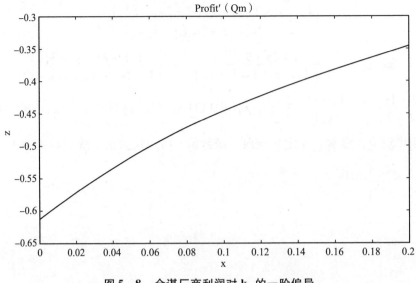

图 5 - 8 合谋厂商利润对 k_4 的一阶偏导

令 $z = \dfrac{1}{2} \dfrac{\left[2+2x-x^2\right]^2}{(1+2x)\left[3+2x(1-x)\right]^2} - \dfrac{x(2x-2)\left[2+2x-x^2\right]}{(1+2x)\left[3+2x(1-x)\right]^2} - \dfrac{x\left[2+2x-x^2\right]^2}{(1+2x)^2\left[3+2x(1-x)\right]^2} + \dfrac{x(4x-2)\left[2+2x-x^2\right]}{(1+2x)\left[3+2x(1-x)\right]^3}$，利用 MATLAB 可以得到图 5 - 9 的结果。观察图 5 - 9，显然，在定义域内，函数值 z 均一致为正，故 $y = (1-c)^2 z > 0$，即 $\dfrac{\partial}{\partial k_4} \pi_4(q_4^f) > 0$。

由 $\dfrac{\partial Q_{pc}^m}{\partial k_4} < 0$、$\dfrac{\partial p^{after}}{\partial k_4} < 0$、$\dfrac{\partial}{\partial k_4} \prod (Q_{pc}^m) < 0$ 及 $\dfrac{\partial}{\partial k_4} \pi_4(q_4^f) > 0$ 得到性质 1。

性质 1：在中间厂商横向兼并引发的部分合谋市场上，市场均衡价格 p^{after}、合谋厂商的联合产量 Q_{pc}^m 以及合谋集团的联合利润 $\prod (Q_{pc}^m)$ 均是边缘竞争厂商资产份额 k_4 的减函数，而边缘竞争厂商的利润是其拥有的资产份额 k_4 的增函数。

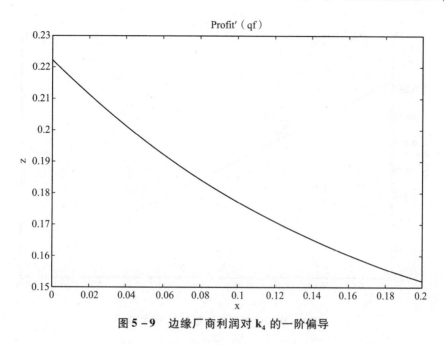

图 5 – 9　边缘厂商利润对 k_4 的一阶偏导

性质 1 表明，边缘竞争厂商的存在对整个市场的影响可分为两个方面：一方面，边缘竞争厂商的资产份额越高或成本越低，其得到的市场份额越多，合谋集团面对的剩余需求就越少；另一方面，边缘竞争厂商的资产份额越高或成本越低，其产量就越高，导致行业总供给就越高，进而市场均衡价格就越低。在两者的共同作用下，合谋集团的收益随边缘竞争厂商的资产份额增加或成本减少而递减，但对边缘竞争厂商自身而言，其从产量增加中获取的收益大于因市场均衡价格下降而招致的损失，因而，总体上其利润是随着资产份额递增的。

为了对性质 1 有更加直观的了解，不妨令 $c = 0.2$，然后利用 MATLAB 分别对式（5.17）、式（5.18）、式（5.20）及式（5.21）绘制图形，可得到图 5 – 10 ～ 图 5 – 13。在这 4 张图中，横轴代表边缘竞争厂商的资产份额 k_4，纵轴分别代表合谋集团的联合产量 Q_{pc}^m、市场均衡价格 p^{after}、合谋集团的联合利润 $\prod(Q_{pc}^m)$ 以及边缘竞争厂商的利润 $\pi_4(q_4^f)$。显然，在给定的定义域内，图 5 – 10 ～ 图 5 – 13 所描述的函数图形完全符合性质 1。

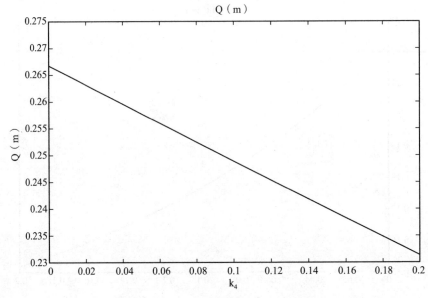

图 5 – 10　合谋厂商产量与 k_4 的关系

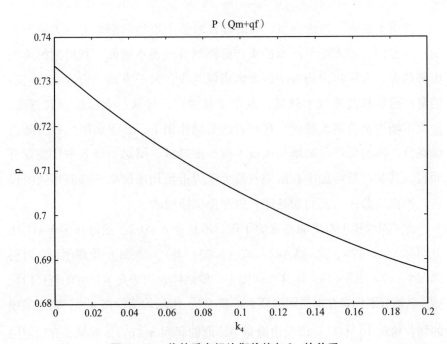

图 5 – 11　兼并后市场均衡价格与 k_4 的关系

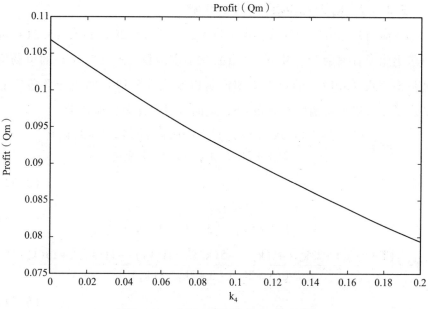

图 5-12 合谋厂商利润与 k_4 的关系

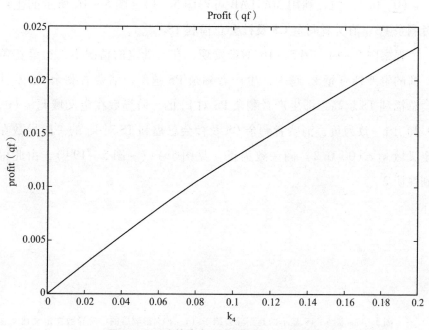

图 5-13 边缘竞争厂商利润与 k_4 的关系

5.2.5.2　k_4 对社会福利水平的影响

在横向兼并引发的部分合谋市场上，由式（5.20）和式（5.21）可以求出生产者剩余 PS，由式（5.1）的需求函数、式（5.18）的市场均衡价格、式（5.17）的合谋集团产量以及式（5.19）的边缘竞争厂商的产量，可以求得消费者剩余 CS，进而可得到社会总福利 TS。

$$PS = \frac{(1-c)^2[3+9k_4+5(k_4)^2-7(k_4)^3-4(k_4)^4+3(k_4)^5]}{2(1+2k_4)[3+2k_4(1-k_4)]^2}$$

$$(5.32)$$

$$CS = \frac{(1-c)^2[1+4k_4+(k_4)^2-3(k_4)^3]^2}{2(1+2k_4)^2[3+2k_4(1-k_4)]^2} \qquad (5.33)$$

$$TS = \frac{(1-c)^2[4+23k_4+41(k_4)^2+5(k_4)^3-41(k_4)^4-11(k_4)^5+15(k_4)^6]}{2(1+2k_4)^2[3+2k_4-2(k_4)^2]^2}$$

$$(5.34)$$

显然，PS、TS 及 CS 均是 k_4 的函数。不妨仍令 $c=0.2$，在定义域 $k_4 \in (0,0.2)$ 内，利用 MATLAB 可得图 5-14~图 5-16 所示的生产者剩余 PS、消费者剩余 CS 及社会总福利 TS。

观察图 5-14~图 5-16 不难发现，在 c 既定的情况下，边缘竞争厂商的资产拥有量 k_4 越大，生产者剩余 PS 越低，消费者剩余 CS 及社会总福利 TS 越高，即生产者剩余 PS 对 k_4 的一阶导数在定义域 $k_4 \in (0,0.2)$ 内一致为负，消费者剩余 CS 及社会总福利 TS 对 k_4 的一阶导数在定义域 $k_4 \in (0,0.2)$ 内一致为正（见图 5-17~图 5-19[1]），由此得到性质 2。

---

[1]　图 5-17~图 5-19 显示的是剔除公因子 $(1-c)^2$ 影响后的一阶导数在定义域 $k_4 \in (0,0.2)$ 内的取值情况。

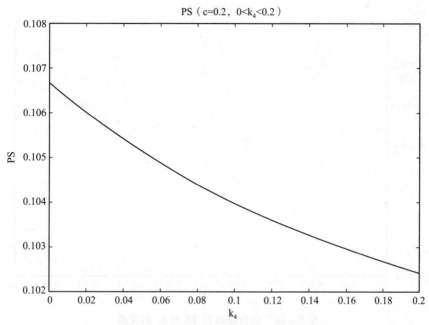

图 5-14 生产者剩余 PS 与 k_4 的关系

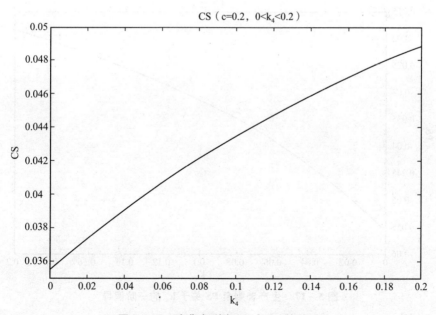

图 5-15 消费者剩余 CS 与 k_4 的关系

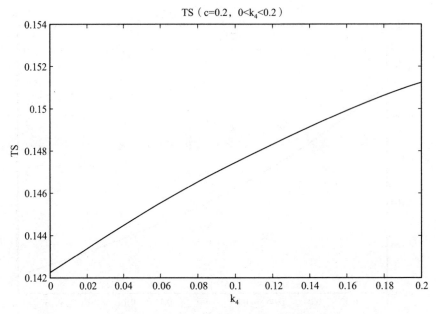

图 5 - 16　社会总福利 TS 与 k_4 的关系

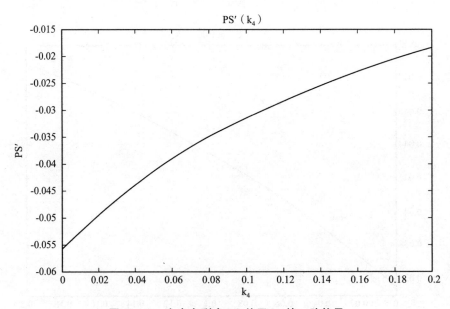

图 5 - 17　生产者剩余 PS 关于 k_4 的一阶偏导

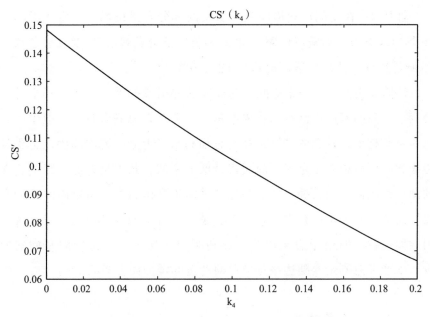

图 5 – 18　消费者剩余 CS 关于 k_4 的一阶偏导

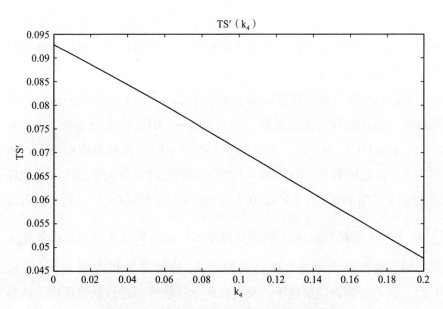

图 5 – 19　社会总福利 TS 关于 k_4 的一阶偏导

性质 2：在中间厂商横向兼并引发的部分合谋市场上，生产者剩余 PS 是边缘竞争厂商资产份额 k_4 的减函数，消费者剩余 CS 及社会总福利 TS 则是边缘竞争厂商资产份额 k_4 的增函数。

性质 2 表明，在一个中间厂商横向兼并引发的部分合谋市场上，边缘竞争厂商的资产份额越高或成本越低，消费者总剩余越多，但生产者总剩余却越少，其总的结果是社会总福利水平上升。究其原因，主要是边缘竞争厂商相对于合谋厂商而言是低效率的，其不具备加入默契合谋的动机，因此，当其拥有的资产越多进而生产得越多，留给高效率的合谋厂商的剩余需求就越少，总产量就越高，价格相对就越低，消费者会因此而受益，但由于边缘竞争厂商利润的增加小于合谋厂商利润的减少，生产者总剩余是随边缘竞争厂商产量的增加而下降的。

5.2.6 数值模拟

由于厂商的边际成本递增，不能直接得到兼并前市场古诺竞争的显性解，进而无法直接比较兼并前后的价格、产量和福利，因此，我们采用数值模拟的方法进行比较静态分析。

考虑到均衡结果的数值取决于 k_i 和常数 c，而 c 并不影响最终的均衡结果，故首先对其进行赋值，不妨设 $c = 0.05$。由命题 2 知 $k_4 \in (0, 0.2)$，$k_1 \in (0.4, 0.73)$，但事实上，在一个四厂商的寡占市场上，如果一个厂商能够拥有 50% 的资产比例，那就已经非常大了，所以我们将 k_1 的定义域缩小到 $k_1 \in (0.4, 0.5]$。进一步考虑到 $0 < k_4 < k_3 \leqslant k_2 < 1$，$\sum_{i=1}^{4} k_i = 1$ 意味着 $k_1 > 3k_4$，而规模最小的厂商如果资产拥有量或效率太低，很容易被挤出市场，所以我们将 k_4 的定义域扩大到 $k_1 \in [0.1, 0.2)$。在上述假设的前提下，我们在此分三种情形进行数值模拟。情形一：$k_1 = 0.5$、$k_2 = 0.22$、$k_3 = 0.18$、$k_4 = 0.1$；情形二：$k_1 = 0.45$、$k_2 = 0.25$、$k_3 = 0.18$、$k_4 = 0.12$；情形三：$k_1 = 0.42$、$k_2 = 0.2$、$k_3 =$

0.2、$k_4 = 0.18$。均衡结果见表 5 – 1 和表 5 – 2。

表 5 – 1   兼并前后市场均衡结果的对比

变量	兼并前古诺竞争			兼并后部分合谋		
	情形一	情形二	情形三	情形一	情形二	情形三
P	0.5907	0.5867	0.5832	0.6497	0.6447	0.6322
Q	0.4093	0.4133	0.4168	0.3503	0.3553	0.3678
其中：q_1	0.1802	0.1666	0.1577	0.1643	0.1491	0.1429
$(q_2 + q_3)^*$	0.18	0.1892	0.1778	0.1314	0.1425	0.1361
q_4	0.0491	0.0575	0.0813	0.0545	0.0637	0.0888
π_1	0.0650	0.0586	0.0545	0.0715	0.0640	0.0589
$(\pi_2 + \pi_3)^*$	0.0568	0.0599	0.0552	0.0572	0.0611	0.0561
π_4	0.0145	0.0171	0.0250	0.0178	0.0210	0.0298
PS	0.1363	0.1356	0.1347	0.1465	0.1461	0.1448
CS	0.0838	0.0854	0.0869	0.0613	0.0631	0.0676
TS	0.2200	0.2209	0.2216	0.2080	0.2092	0.2124

注：$(q_2 + q_3)^*$ 在兼并前的古诺竞争市场表示厂商 2 和厂商 3 的产量和，在兼并后的部分合谋市场上则表示兼并后形成的新厂商的产量；同理，$(\pi_2 + \pi_3)^*$ 在兼并前的古诺竞争市场表示厂商 2 和厂商 3 的利润和，在兼并后的部分合谋市场上则表示兼并后形成的新厂商的利润。

表 5 – 2   兼并引发部分合谋后的均衡结果较兼并前的变化比例   单位：%

变量	情形一	情形二	情形三
P	9.99	9.89	8.40
Q	– 14.41	– 14.03	– 11.76
其中：q_1	– 8.82	– 10.50	– 9.38
$(q_2 + q_3)^*$	– 27.00	– 24.68	– 23.45
q_4	11.00	10.78	9.23
π_1	10.00	9.22	8.07
$(\pi_2 + \pi_3)^*$	0.70	2.00	1.63

变量	情形一	情形二	情形三
π_4	22.76	22.81	19.20
PS	7.48	7.74	7.50
CS	−26.85	−26.11	−22.21
TS	−5.45	−5.30	−4.15

注：$(q_2 + q_3)^*$ 在兼并前的古诺竞争市场表示厂商 2 和厂商 3 的产量和，在兼并后的部分合谋市场上则表示兼并后形成的新厂商的产量；同理，$(\pi_2 + \pi_3)^*$ 在兼并前的古诺竞争市场表示厂商 2 和厂商 3 的利润和，在兼并后的部分合谋市场上则表示兼并后形成的新厂商的利润。

由表 5 - 1 和表 5 - 2 的数值可以清晰地看出，一个引发市场上大厂商间部分默契合谋的中间厂商间的横向兼并，其结果是反竞争的，具体表现为：第一，产量下降、价格上涨。尽管作为边缘竞争厂商的小厂商会扩大自己的产量，但由于合谋厂商限制产量所导致的产量下降幅度远大于边缘竞争厂商增加的产量，结果导致行业总供给下降和市场均衡价格上涨。在我们的三种情形中，引发部分合谋的中间厂商间的横向兼并虽然使边缘竞争厂商的产量增加了 10% 左右，但参与合谋的厂商的产量却下降了 30% 多，从而导致行业总供给减少均超过 10%，价格上涨均接近 10%。第二，消费者福利和社会总福利水平下降。在产量减少和价格上涨的共同作用下，虽然生产者剩余有所增加，但由于消费者的福利被大幅损害，社会总福利水平是下降的。在我们的三种情形中，在消费者福利下降 20% 多的主导效应影响下，社会总福利水平下降了 5% 左右。

值得注意的是，从表 5 - 1 和表 5 - 2 还可以看出，最小厂商的规模越大或成本越低，部分合谋的价格上涨效应与消费者福利下降效应都将在一定程度上得到减弱。当最小厂商的资产规模从行业的 10% 增加到 18% 时，市场均衡价格水平的上涨幅度降低了 1.59 个百分点，消费者福利下降幅度减轻了 4.64 个百分点，社会总福利下降幅度亦减少了 1.3 个百分点。

5.2.7 结论与反垄断政策启示

按照标准合谋理论，厂商间的不对称性不利于合谋的产生与维持。沿着这个逻辑，Vasconceleos（2005）、Compte 等（2002）、Kuhn（2004，2006）等学者进一步发现，合谋的可维持性取决于效率最低厂商偏离最优合谋产量（价格）和效率最高厂商偏离惩罚产量（价格）的动机，横向兼并对合谋的影响效应是不一定的。如果横向兼并增加了行业内最大厂商的地位，则不利于合谋的维持，因为横向兼并增加了厂商间的不对称性，增加了大厂商背离惩罚路径的动机，继而增加了协调的难度；如果横向兼并增加了最小厂商的规模，则将有利于合谋的维持，因为横向兼并增加了厂商间的对称性，降低了小厂商背离合谋路径的动机，进而降低了协调的难度；但如果横向兼并不能改变行业内最大厂商和最小厂商的地位，则其对合谋没有任何影响。上述结论在一定程度上否定了标准合谋理论的结论，即横向兼并并不必然会产生协调效应，不宜夸大其反竞争效应。然而，当我们换个角度来考察横向兼并对部分合谋可能产生的影响时，结果却证实了标准合谋理论的研究结论。在厂商成本不对称、不允许单边支付和简单的两阶段最优惩罚策略的条件下，我们的研究结论显示：一项可以增进行业内大厂商间资产规模/成本对称性却又对最大厂商和最小厂商的地位不构成影响的横向兼并，虽然可显著改进兼并厂商的效率，增加生产者剩余，但更重要的是，兼并不仅将引发合谋效应，形成部分合谋，而且同时还将产生显著的单边效应。这是因为横向兼并不仅减少了市场上竞争厂商的数量，而且还增加了达成部分默契合谋的大厂商间的对称性，降低了其彼此间协调相互行为和观察对方行为的难度。从这个角度看，标准合谋理论的洞见仍然是正确的，欧美反垄断当局对横向兼并协调效应的担忧是值得肯定的。不过，有一点值得庆幸的是，我们的研究还发现，最小厂商的规模越大或成本越低，部分合谋的价格上涨效应与消费者福利下降效应都将在一定程度上得到抑制或减弱，这与基于全体合谋的理论是不一致的。在全体合谋的条件下，最小厂商的规模越大，其背离合谋的动机越小，合谋越易于形成和维持，因此价格上涨效应和消费者福利下降效应会更大。但在部分合谋市场上，最小厂商的规模越大，其与合谋集团的竞争力就越强，对部分合谋集团的约束就越强，表现为其从合谋集团窃取的产量将越高，从而可以在一定程度上减轻价格上涨的幅度，缓减部分合谋对消费者福利的损害效应。

综上所述，理论上，增加行业内最大厂商地位的横向兼并通常会削弱其参与默契合谋的动机，增大其背离惩罚路径的动机，不利于默契合谋的难度。如果进一步考虑到动态重复博弈中厂商之间在多重均衡路径中进行选择的困难，即以何种方式选择何种产量（价格）作为合谋产量（价格）和惩罚产量（价格）的困难，横向兼并的协调效应可能要比我们想象的低很多，这与欧美国家目前的反垄断政策的主流理念相冲突——大厂商参与的横向兼并会促进合谋的形成和有利于合谋的维持。然而，中间厂商间的横向兼并却在提升厂商效率的同时，减少了行业内厂商的数量，增加了大厂商间的对称性，有利于部分合谋的形成和维持，这又支持了欧美反垄断当局对横向兼并协调效应的担忧。而边缘竞争厂商规模的扩大却在一定程度上可以缓解部分合谋带来的反竞争效应。这就提醒学界和反垄断当局，横向兼并对默契合谋的影响十分复杂，需要审慎评估其可能存在的协调效应。既不能因为担忧其可能产生协调效应就轻易地禁止那些能够显著增加效率的横向兼并，也不能在没有排除其有利于增加行业内厂商合谋的可能性的情形下就轻易同意大厂商间的横向兼并，而是要在充分调查的基础上权衡生产者效率改进与默契合谋达成的可能性。在评估方法上，要充分关注厂商的成本和兼并后市场的对称性，关注市场的自由进入程度，而不能主要依靠对市场份额和集中程度的分析来评估横向兼并对市场竞争的潜在影响（Vasconceleos，2005；Compte et al.，2002）。一个相对简单易行的方法就是采用消费者福利标准，在不能或无法排除兼并引发部分默契合谋或全体默契合谋的情况下，要求兼并厂商进行价格（产量）承诺，这样既可以使厂商获得效率的提升，又不至于使消费者福利受损。

5.3 欧美反垄断执法中的协调效应识别方法

长期以来，在标准合谋理论的影响下，美国的反垄断政策一直关注协调效应，其颁布的横向兼并准则中就明确规定使用 HHI 指数来对协调效应进行分析和评估。然而，由于 HHI 指数隐含地假定不对称市场结构比对称市场结构更令人不满意，Compte 等（2002）等学者已经指出该指数并不是测度协调效应的理想方法，需要审慎运用。与美国不同，欧盟直到 Kali 与 Salz 一案才开始审视横向兼并的协调效应，而对协调效应的分析框架则是在 Airtours 一案中公开的。Airtours 案的判决表明，欧盟法院并未采纳与合谋理论相一致的系统方法。因此，我们需要对现行欧美反垄断执法中已经提出的一些分析协调效应的方法的合理性进行审视，并对其稳健性进行研判。

5.3.1 协调效应分析是否应该纳入横向兼并的审查程序

在对分析协调效应的方法的合理性进行研判之前，有必要先回答这样一个问题：是否应该发展分析横向兼并协调效应的方法和工具？根据各国现行的反垄断法或竞争法，合谋行为都是被明令禁止的，而且欧美的相关法律还规定，一旦发现市场上存在合谋行为，将对从事合谋的厂商课以重罚。理论上，如果巨额罚款是可能的话，那么合谋就应该可以被完美地发现。倘若如此，因为可能的协调效应而阻止效率改进型横向兼并的政策就是值得商榷的。因此，任何建立在横向兼并协调效应基础上的需要介入的干预政策必须回答如下的问题：为什么事前干预比事后干预更好？

　　在横向兼并中进行协调效应的分析意味着我们必须相信，事后的干预政策在执行的过程中存在系统性缺陷，以至于不可能通过事后干预创造足够的激励机制来控制合谋。支持这个观点的理由之一是因为有限责任等原因而无法对厂商进行足够严厉的处罚。事实上，尽管欧美法律对参与合谋的经理们的刑事处罚非常严厉，但仍然经常有合谋行为的发生，近些年被欧美反垄断当局处理的几十起合谋案例就是明证。显然，并非所有的合谋都被反垄断处罚的威慑所有效阻止。但这并足以说明必须在并购审查中进行协调效应的分析，一个更合理的政策反应可能是加重罚则。

　　支持在横向兼并中考虑协调效应的第二个有力观点是：在现实世界中，如果没有明确的协调行为，合谋是无法证明的。在横向兼并的审查中加入协调效应分析的主要动机是为了防止默契合谋。然而，正如我们在前文已经讨论的那样，目前还没有一个统一的理论可以清晰地指出横向兼并之于默契合谋企业行为的影响。业已达成的共识仅仅是，一方面，激励相容约束必须满足默契合谋的可持续性；另一方面，默契合谋集团所选择的均衡行为将取决于在潜在均衡结果集合中进行选择的规则。由此，理论上，我们并不知道是否可以预期从标准合谋理论及协调效应研究中所得到结论在现实的兼并情景中可以可靠地实现。

　　诚如上面分析所指出的那样，在理论上，我们尚不能确定是否应该将协调效应纳入横向兼并的审查程序，但本着谨慎的原则，我们仍不能忽略横向兼并可能存在的协调效应。出于对竞争和消费者利益的保护，我们认为还是应该将协调效应的分析纳入横向兼并审查程序之中。

5.3.2　特立独行和价格变动检验

　　在美国过去的反垄断实践中，一直试图找到简单的经验标准来表明市场上存在协调效应，结果"特立独行"标准进入横向兼并指南。特立独行通常是作为咄咄逼人的竞争对手的一个特别的标签，它的意义远远大于其市场份额所暗示的（Scheffman and Coleman，2003）。那么，到底是什么标准可以使我们用它来证明厂商是一个特立独行者？

　　Baker（2002）尝试通过聚焦于一个特立独行的候选厂商对其他一些厂商提高合谋价格能力的限制程度，来找到特立独行者的一些特征。原则上，Baker（2002）的方法是与资产持有不对称的理论分析是一致的。例如，如果一个小公司限制了合谋行为，那么，兼并那个小公司往往会促进合谋，Baker（2002）称之为"消除特立独行者"。但 Baker（2002）的其他建议却与现有理论相冲突，其可行性受到学界质疑。例如，他认为，如果横向兼并不改变特立独行者的激励，则该兼并应该被视为竞争中立。然而，理论上，横向兼并可能会增加其他厂商之间的合谋范围，从而诱使包括"特立独行者"在内的所有厂商来提高他们的价格。合谋的程度仍然受到厂商存在更大的激励来制定更低价格的制约，但该约束并不能保证价格不会上升。简言之，如果行业完全合谋受特立独行者的约束，贝克的分析无疑是合适的。但是否每个发生横向兼并的寡占行业都能够找到这样的特立独行者是受到怀疑的，更何况，合谋往往不是仅受特立独行者的制约。

　　除了 Baker（2002）建立在理论分析基础上的"特立独行"检验，还有一些其他特别的实证方法试图来分析协调效应。例如，Scheffman 和 Coleman（2003）以不同客户间的价格变化作为证据，证明合谋是很困难的。然而，这样的变化也可能是来自于一个垄断者对不同客户的价格歧视。一个最佳的合谋协议应该规定价格变动。事实上，当厂商一个个地去与客户谈判合约时，典型的合谋协议本质上就是确定每个竞标的胜者赢得一个客户，这样，竞标方案允许价格在不同合同间变化。于是，将类似的随着时间推移的价格变动视为合谋的证据就变得有问题了，因为变化的价格可能会出现在任何市场中，而在这些市场中，价格是厂商单独与客户协商的结果。

5.3.3 对合谋动机变化的评估

进入 21 世纪后，美国司法部对协调效应的分析开始集中在横向兼并对合谋动机变化的影响上（Dick，2002；Kolasky，2002）。然而，这种由美国司法部建议的方法具有高度的自主裁量权，且完全依赖于累积的经验和轶事证据。换言之，这种方法缺乏理论的支持。例如，厂商间不对称性已经牢牢占据了美国反垄断当局对横向兼并协调效应分析的中心位置，这是符合理论的。然而，已经披露的细节却显示美国司法当局缺乏对理论的谨慎应用，如其建议应对厂商数量减少的反竞争效应和潜在的不对称性增加所带来的不利于合谋的效应分析进行分离，而这种分离在理论上已经被证明是没有意义的。此外，美国反垄断当局对实证方法的青睐也限制了可以被考虑的不对称类型[①]。

尽管对厂商间不对称的分析有坚实的理论基础，但 Dick（2002）建议的其他合谋动机变化却缺少坚实的基础。然而，美国反垄断当局却一直在使用。例如，有人主张横向兼并增加了市场的透明度，从而有利于促进合谋，但目前还不清楚这种说法是否合理。作为横向兼并的结果，相关的市场透明度可以变得更透明，也可以变得更不透明。美国的司法实践是倾向于基于这些没有坚实的理论和实证支持的纯粹直觉的观点。当然，这并不意味着不能有证据坚定地支持横向兼并可以增加市场透明度的观点，但这些观点的采纳必须要依据案例的特定特征而定。

---

① 协调效应及标准合谋理论的研究和实证分析已经表明，成本不对称是阻碍合谋的重要因素。基于此认知，Dick（2002）主张应考虑由于兼并导致的成本不对称的变化。这样的评估需要对兼并的效率影响进行预测。在单边效应分析中有一个良好的传统——将资产转移的影响从兼并产生的潜在效率的评估中分离出来，协调效应也可以进行这样独立的分析。例如，资产整合或产品线整合的影响可以独立于因兼并而产生的潜在的成本优势进行分析，这是避免将对成本效应的预测与建立在兼并前市场数据基础上的预测相混淆的好方法。目前，美国的司法实践中也运用预测的成本变化来分析协调效应。但如果要将给定成本结构下的资产重新分配的效应分离出来，协调效应分析将变得更加严格。正如单边效应分析一样，这就需要决定多大程度的成本削减才是克服反竞争效应所必需的。

除了专注于合谋动机变化的改变，美国反垄断当局还保留了关于市场状况使合谋变得几乎不可能的观点。然而，这样的争论可能会产生问题，因为这些观点建立在遵守合谋协议的动机和达成一致不能分离的基础上。虽然，对前者我们有坚实的理论框架，但对后者，我们却知之甚少。合理的政策应当承认基于合谋动机的观点比那些达成协议的困难有更坚实的经济学基础。但似乎最常见的证据观点却是基于协议实现的问题。一个例子是纽约诉卡夫通用食品。这是一个特别令人担忧的复杂性如何被滥用的例子。即使理论上认为厂商将以部分合谋作为备选项，多维竞争在纽约诉卡夫案中还是被视为是阻碍合谋的。

事实上，关注横向兼并引起的变化是一个非常自由的观点，是一个缺乏明确的筛选标准和经验基准的方法。作为结果，企业很难预测是否协同效应将是横向兼并面临的一个问题。同时，由于这个方法摒弃了对潜在合谋影响因素重要性的排序，所以，它是一个比 Baker（2002）的检验"特立独行者"的实证方法还要弱的方法。

5.3.4 清单方法

原则上，可以由合谋文献来决定市场上出现的哪些特性是增强合谋的特性，哪些是抑制合谋的特性。如果能确定一个已知行业特征的清单，协调效应分析就可以据此简单地被确定。不过，这种方法有两个重大缺点。首先，它并不专注于兼并引起的变化，只是假定当市场出现使合谋变得可能的特性时就存在协调效应。如果市场上一个企业的消失总是扩大了合谋的范围，这种方法就是合理的。然而，理论表明情况并非如此。其次，清单标准难以量化。例如，我们如何评估市场"透明"的程度？是否有一些临界值使得到达这些临界值合谋就变得很有可能？如何确定不同的清单标准权重？这些问题需要大量的自由裁量权。于是，使用这样的标准就容易出现在评估兼并效应时，是人的特殊直觉而非一些客观标准在起决定性作用。由于并不是所有的行业特征都具有相同的权重，因此，那些得到相对强劲的理论支撑和可靠的实证支持的特征就应该被赋予更大的权重。例如，通常说的日益萎缩的市场上合谋更易发生的观念是与理论相矛盾的，且没有被经验研究所证实（Dick，1996），就不应该成为清单里衡量协调效应的标准；而行为的可观测性、需求的不确定性和不对称性的研究结论是稳健的，且得到经验证据的确认，这些特征就应该成为清单的重要组成部分。

运用清单只能产生负面测试协调效应的效果。目前的研究只是告诉我们合谋在某些情况下是很难维持的，于是，在这种情况下我们应该排除存在协调效应的可能。换言之，清单只能被用来确定何种情况下合谋是太不可能的，进而假定协调效应在这种情形下是不重要的，但我们没有有效的标准来确定是否合谋是不太可能的。例如，是否有足够程度的市场透明度使合谋变得不太可能？唯一有帮助的信息就是过去合谋的坚实证据，而这在绝大多数协调效应案例里是相当罕见的。因此，从结果看，一个纯粹的清单方法可能会导致反垄断当局设置一个相当武断的发现和识别协调效应的标准。

5.3.5 负面测试与正面标准相结合的方法

Kuhn（2007）基于现有文献的研究提出了一个将负面测试与正面标准相结合的系统测试方法，该方法相比清单方法更加稳健。负面测试的第一步是识别市场不可能出现合谋的特征，第二步是看兼并引发的市场结构的变化，识别出兼并不可能对合谋的可能性产生实质影响。然而，正面测试却很难进行，即很难直接证明横向兼并将产生协调效应。由于这个原因，任何正面测试必须依赖一定程度的基准来假定兼并后可能发生默契合谋。进一步，一项正面测试要求理论上横向兼并对合谋能力的变化具有显著影响，因为这样的测试本质上是一定程度的推测，只有非常保守的基准可以保证合谋效应的成立。

5.3.5.1 潜在的负面测试

Kuhn（2007）建议按照欧盟关于联合占优的概念来进行负面测试。由于法院的判决高度重视惩罚能力和对竞争对手行为的监督，Kuhn（2007）认为这个测试应该要求最少的需要证实的数据，具体的标准如下：

第一，一定的市场特征使得合谋机制的形成是高度不可能的。按照现有的研究结论，一个典型特征就是紧的产能约束，因为在给定产能的约束下，将价格提高到竞争水平之上的惩罚机制将是不可行的（Kuhn，2001；Compte et al.，2002），从而高质量的合谋变得不可能，市场上不太可能形成协调效应。

第二，竞争对手行为容易被监督。这是难以量化的，然而，当竞争对手的决定本质上是难以察觉的，以及由于市场的不确定致使对竞争对手行为的推断变得十分有限时，可能又需要详细记录或仔细求证。理论上，透明的市场将显著减少合谋的范围，这一点也已经被证据所支持，但没有迹象表明高市场透明度自动意味着高的协调效应的不可能，因此分析必须超越纯粹的透明度断言。事实上，这种分析已经在欧洲大多数联合占优的案例中得到运用。例如，在 Airtours 一案中，法庭就非常仔细地检查了竞争对手是多么频繁地在酒店互动，这表明对市场数据的详细分析能公正地摒弃市场透明度的断言。

第三，潜在的合谋集团是否能显著地提高价格。这需要分析如果能够完美合谋的话，潜在的合谋集团在多大程度上将提高价格。但与单边效应的测试不同，在协调效应测试中，应该设置一个高的安全港基准，因为不存在精确的测试来表明在一个特定的市场上，多高程度的合谋可以被获知。理论上，合谋的激励约束倾向于将最优合谋水平限制在低于完全合谋的水平，因此我们不能期望一个合谋集团将价格提高到联合利润最大化的水平。这就意味着安全港基准需设置在单边效应测试的 5% 的标准之上。至于具体将安全港的标准设置在什么水平，需要综合多方因素进行判断。但至少有一点要考虑的是，应该建立一个含有定性判断的负面测试，就像 Baker（2002）对特立独行的测试那样能够被兼并方所预计到。

第四，潜在合谋集团相似性的辨识。Compte 等（2002）和 Kuhn（2004）已经证明，哪些非常相似的厂商拥有相似的合谋动机，然而资产拥有上的不同将使得协调行为变得更加困难。一个潜在的合谋集团因此应该拥有一些足够相似的资产结构，但又与合谋集团之外的厂商的资产结构差异较大。例如，按照 Kuhn（2001）的观点，通过市场份额的分布在厂商间分配资产是合适的，于是可以考虑将规模差距在 10% ~ 20% 的厂商视为是相似的，但如果一个厂商至少比其他厂商大 50% 的话，那就是不相似了。对于足够异质性的厂商，预计其所有可行的行为将接近于短期最优反应行为。作为一个规模/市场份额的互补替代方法，可以通过对特立独行类型的分析，看哪个企业的行为与市场上的相似，哪个不相似。合谋集团应该包括哪些定价行为足够相似的厂商。

需要重点指出的是，负面测试清单不能是无穷尽的清单。除非一些合谋的比较静态分析结论给出了非常强的暗示，认为兼并对扩大合谋的可能性非常低，否则不应予以考虑。特别地，有关复杂性和可能性的观点显得太过推测，不应包括在负面测试清单中。

5.3.5.2　潜在的正面测试

虽然建立一个用于推翻联合占优假定的安全港标准是相对容易的，但由于难以提供合理的经济证据断定联合占优被加强或创造了，很难建立可信的正面测试。没有市场特征能保障市场上的横向兼并将促进合谋。尽管我们有些时候可以因为理论的缘由排除合谋，但在某些环境下是没有办法断言合谋是唯一可能的结果，这使得有效的负面测试和正面测试在结构上是非常不对称的。尽管如此，我们还是可以根据现有理论尝试将一些测试结合起来，评估横向兼并引发的合谋所导致的潜在价格上涨，以及一项包含资产交易的横向兼并所导致的价格上涨可能性。

首先，我们可以运用负面测试所建议的分析方法：第一，衡量合谋集团中的价格上涨幅度会多大，如果他们能完全合谋的话；第二，其他厂商将如何进行最优反应。这将给出最大的潜在反竞争效应。横向兼并潜在的反竞争效应越强，反垄断当局越会轻而易举地阻止该兼并，但目前尚没有这样的评估。

其次，我们需要一些测试用来对兼并后合谋的可能性进行估计。然而，这是反事实的，是不能直接从兼并前行为中推知的。目前，没有其他选择，只能求助于一些市场份额分配基准，达到这个标准我们便认为达成默契合谋是高度可能的。由于这些基准的怀疑/推测本质，我们必须谨慎运用，以免让有关市场势力的私人信念对兼并决策产生不当的影响。Kuhn（2001）建议，对两厂商联合占优而言，这样的基准不应该低于60%的市场份额，而且市场份额在两个厂商间的分布应该相当对称。对大的潜在联合占优集团而言，这样的市场份额测试应该更严格。当然，评估资产分布对合谋行为影响的基准的确立仍有待于经验研究的支持。

总之，一个系统的检验协调效应的方法应该应用基本的理论发现来评估合谋动机的变化。例如，市场份额的显著集中或兼并后合谋集团内部最大厂商和最小厂商市场地位的对称性的增加，都可以被运来检验是否存在协调效应。纯粹的直觉观念一般应该被严格摒弃。

5.3.6　对协调效应的模拟

一个更为复杂的正面测试方法是对兼并的协调效应的模拟。类似于单边效应的模拟，这需要对市场动态均衡建模（给定一些值域的选择）并评估相关资产改变所引发的变化。

Compte 等（2002）率先运用该方法对 Nestle Perrier 案的协调效应进行了数值模拟，计算了支持合谋改变所必需的最小贴现率。模拟实验能够表明哪种情形补救措施可能是有效的，而哪种情形必须被要求减少兼并所产生的反竞争效应。不过，Compte 等（2002）的模型不能预测市场的价格效应。

更一般的数值模拟类似于横向兼并的单边效应分析。例如，Nevo（2001）基于差异性产品的数值模拟方法。这个方法首先对行业需求进行估计，然后用厂商在由纳什谈判均衡解的解集所决定的某一合谋均衡路径上的假定代替纳什均衡假定。由于利润依赖于特定资产的这一特性被明确地内生包含在模型中，这种替代行为假设允许我们估计成本。这样，资产分布改变的效应就可以被数值模拟。这种模拟可以使我们更好地理解兼并协调效应的各维度的重要性排序。

5.4 本章小结

现有文献虽然对全行业默契合谋进行了深入了研究，并取得丰硕的研究成果，但该研究结论与标准合谋理论的观点大相径庭。现实中，全行业的合谋因种种因素而难以形成和维持，更多出现的是部分合谋。本研究对不对称市场上中间厂商间横向兼并对部分默契合谋的影响进行了研究，结果发现在不影响行业内最大厂商和最小厂商规模和地位的前提下，这种类型的兼并有助于部分默契合谋的达成和维持。这一结论与协调效应的研究结论相左，但在一定程度上验证了标准合谋理论关于对称性有助于合谋的观点，同时也提示我们，横向兼并的协调效应既不像反垄断当局想象的那么大，也不像经典协调效应文献所揭示的那么小，反垄断当局在识别协调效应时应谨慎小心。为此，本研究还对欧美反垄断执法中重要的协调效应识别方法进行了分析，以期为我国的反垄断执法提供参考。

第 6 章

横向兼并的反垄断审查

横向兼并固然具有获得协同效应、节约成本等众多的效率改进效应，但同时客观上改变了现有市场结构，减少了竞争厂商数量，增加了兼并厂商的市场势力，有可能引发单边效应和协调效应。那么，作为反垄断当局，该如何审查才能抑制横向兼并所可能引发的反竞争效应，维护市场公平竞争，保护消费者福祉？或者说，反垄断当局该如何权衡因兼并而产生的效率改进与可能的反竞争效应之间的关系？这就涉及一个反垄断审查标准的问题。一个合意的反垄断审查标准应该在充分考虑效率因素的同时，避免对市场竞争的实质性危害，切实保护消费者的福利不受侵害。然而，合意的反垄断审查标准本身并不能够保证上述目标的实现，因为在反垄断实践中，反垄断审查机构、兼并厂商及消费者之间存在的信息偏载易导致寻租/设租问题，使得一些并不符合反垄断审查标准的案件得以通过审查，从而最终损害消费者的福利。这就需要我们进一步深入研究反垄断审查中的信息披露机制与寻租之间的关系问题。

6.1 效率抗辩：效率与市场势力的权衡

所谓的效率抗辩指的是，反垄断审查当局应将横向兼并带来的效率改进纳入整体考量，当兼并给厂商带来的效率改进足以抵消其市场势力增强所产生的反竞争效应，反垄断当局就应当通过该兼并申请。但在欧美发达国家的反垄断历史上，反垄断当局在最初都是不接受效率抗辩的。例如，美国国会和反垄断当局最初出于对中小厂商的保护，不仅不接受横向兼并中的效率抗辩，反而利用效率来攻击兼并，理由是这种类型的兼并将使得实力较小的竞争对手陷入更为不利的境地，进而弱化了行业内的竞争。这种观点最初出现在 1962 年的 Brown Shoe 一案的审理中。在稍后 1967 年的宝洁案的审理中，法官道格拉斯更是直接表明："经济效益不能作为对违法行为进行辩护理由……减弱竞争的一些兼并可能会产生经济效益，但这打破了有利于保护竞争的平衡"。在 1991 年 Aerospatiale-Alenia 与 de Havilland 的兼并案中，尽管欧盟委员会承认该兼并有可能会产生一定程度的效率，但仍以该兼并将"仅仅增强兼并实体独立于其他竞争者行动的能力"为由，禁止了该项横向兼并。但随着时间的推移，美国和欧盟对效率的态度均逐渐发生了变化，截至目前，《欧盟横向兼并指南》、《美国横向兼并指南》以及《加拿大竞争法》原则上均接受效率抗辩。①

对效率抗辩的理论分析最早要追溯到 Williamson（1968）的开创性研究。Williamson（1968）认为："如果兼并获得了一定程度的实质性经济效益，则为使净配置效应为负，这种兼并必须产生显著的市场支配力和导致相对较大的价格上涨"②。因此，反托拉斯机构和法庭原则上应该

---

① 参见威廉姆森著，张群群、黄涛译：《反托拉斯经济学——兼并、协约和策略行为》，经济科学出版社 1999 年版，第 4 页；Dynamic efficiencies in merger analysis, 2007：20 – 21. Available at: http://www.oecd.org/dataoecd/53/22/40623561.pdf; Brouwer, M. T. Horizontal mergers and efficiencies：theory and antitrust practice, Eur J Law Econ, 2008 (26)：11 – 26.

② 按照 Williamson（1968）的推导，如果兼并导致厂商市场势力增加进而导致市场价格上涨20% 的话，当需求弹性为2 时，成本下降5% 即可抵消价格上涨的影响，如果需求弹性为1，则仅需成本下降2%，如果需求弹性为1/2，则仅需成本下降1% 就足以。更一般地，如果横向兼并可以使厂商的成本下降5% ~10%，那么，通常至少需要 20% ~30% 以上的价格上涨幅度才能抵消兼并的收益（参见威廉姆森著，张群群、黄涛译：《反托拉斯经济学——兼并、协约和策略行为》，经济科学出版社 1999 年版，第 8 ~10 页）。

明确承认效率抗辩的价值，因为弥补消费者剩余损失仅需较小幅度的成本下降即可满足，但这却可以防止法律处理之前对效率因素的不当处理。

Williamson 的观点引发了人们对效率因素的深度思考，促使反垄断当局开始认真考虑横向兼并中的效率因素，并推动了理论界对反垄断审查相关问题的热烈讨论。批评 Williamson 的学者们对其结论提出了严重质疑，认为其分析的结论是建立在一些并不恰当的假设基础之上的。首先，Williamson（1968）假定兼并前和兼并后市场中各企业具有相同的边际成本，这暗含着行业内未参与兼并的厂商将获得与兼并厂商一样的效率改进。显然，这样的假定是不符合实际的，除非该兼并是整个行业范围的兼并。事实上，兼并厂商所获得的效率改进在一般情况下是不会立即并完全溢出到整个行业的，否则，就会产生兼并悖论——没有厂商愿意去发起兼并，因为厂商更愿意免费"搭便车"；其次，Williamson 将兼并引发的收入再分配问题视为中性，然而，这与不同群体间边际收入效用不同的现实相冲突；最后，Williamson（1968）的权衡理论本质上是一种静态效率与市场势力之间的比较，它没有考虑到兼并的动态效率问题。当兼并的动态效率是一种通过干中学等方式不断降低现有产品平均成本的效率时，那么，这类效率不大可能像静态效率那样一开始就可以抵补兼并所造成的无谓损失和从消费者向寡占厂商转移的财富，但随着时间的推移，它仍然有机会弥补兼并所造成的无谓损失和从消费者向寡占厂商转移的财富。当兼并的动态效率是一种质量的改进与提升时，即兼并实体可以以兼并前的生产成本生产出更高质量的产品，那么，随着产品质量的持续改进，需求曲线将不断外移。假定需求曲线以平行的方式向外移动，如图 6-1 所示，虽然兼并导致厂商市场势力的显著增强，使兼并后的价格提由 P_2 高到 P_3，但即便是考虑了资金的时间价值之后，兼并不仅可以使厂商获得远高于静态效率的动态效率，还增加了消费者剩余。当兼并的动态效率表现为兼并厂商推出一款或数款全新的产品时，那么，由兼并所获得效率可能会更高。由此可见，当效率从静态效率拓展到动态效率后，反垄断当局在审查横向兼并案时更应该考虑效率因素①。

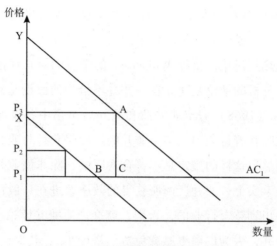

图 6-1　动态效率与市场势力的权衡

6.2　总福利标准 VS. 消费者剩余标准

横向兼并审查的主要任务是评估兼并对包括消费者、竞争者、兼并厂商等不同利益集团的福利影响。当不同利益集团之间的利益相冲突时，Williamson（1968）的权衡理论认为只要兼并导致的生产者剩余的增加大于消费者剩余的损失，反垄断当局就应当批准该兼并案，因为它增加了社会总福利水平。由于 Williamson（1968）的这种权衡理论是建立在总福利标准（亦称效率标准）之上，它忽略了财富的分配问题，将

---

① 然而，即便是在 Williamson（1968）相对简单的静态模型中，也很难做出准确的权衡，因为难以收集到计算所需的真实数据。譬如，要想计算出因兼并而产生的无谓损失，就必须要知道相关产品的需求弹性和价格的可能上涨幅度，然而，这些数据通常是难以获得的。这也是为何反垄断当局不愿意接受 Williamson 权衡理论的原因之一。

消费者财富向生产者的转移视为中性，从而受到支持消费者剩余标准的学者的批评，并引发了一场关于横向兼并审查的标准之争——总福利与消费者剩余谁是最优标准的争论[①]。尽管在反垄断实践层面，由于消费者剩余标准相对更易于执行，消费者剩余标准似乎已经是最终的赢家，例如，美国和欧盟现行的横向兼并审查标准都更接近于消费者剩余标准[②]，但这场持续了将近半个世纪的争论并没有结束，仍有学者不断建议美国和欧盟的反垄断当局放弃消费者剩余标准，转而采纳总福利标准[③]。因而，从理论上讨论消费者剩余标准的合意性仍然是有价值的。

横向兼并的结果之一便是产生了收入的再分配效应。通常由消费者转移到寡占厂商的财富规模要大于无谓损失，例如，图 6-1 Williamson 权衡模型中的长方形 C 的面积一般会大于三角形 A 的面积。因此，Williamson（1968）自己也直言："即便是给收入分配效应赋予一个很小的权重也可能会显著影响到对整个兼并的评价。"[④]

由于一般情况下兼并厂商的所有者要比终端的消费者富裕的多，尤

---

① 有一部分学者提出了介于总福利标准和消费者剩余标准之间的带有权重的综合标准，例如，Bain 和 McFetetridge（2000）提出的带有权重的剩余标准（weighted surplus standard），但其本质上仍然是这两类标准的变形（参见 Bian, L., andMcFetridge, D. G. The Efficiencies Defence in Merger Cases: Implications of Alternative Standards [J]. The Canadian Journal of Economics, 2000, 33 (2): 297 – 318.）；还有一部分学者认为在总福利标准和消费者剩余标准之间不存在一个占优标准（参见 Neven, D. J., and Röller, Lars-Hendrik Consumer surplus vs. welfare standard in a political economy model of merger control [J]. International Journal of Industrial Organization, 2005, 23: 829 – 848; Fridolfsson, Sven – Olof. A Consumer Surplus Defense in Merger Control. IFN Working Paper No. 686, 2007）。

② 以美国为例，现行《美国横向兼并指南》重点关注兼并的价格效应，强调能够降低边际成本的合意效率对兼并后价格的直接影响。只有兼并可能产生的效率大到不会对相关市场上的消费者造成伤害即不会提高市场价格时，效率抗辩才纳入横向兼并审查的考虑范围。因此，美国的横向兼并审查标准更接近于消费者剩余标准。参见 U. S. Department of Justice and Federal Trade Commission, *Commentary on the Horizontal Merger Guidelines*, March 2006。

③ 支持总福利标准的最近的文献参见 Heyer, K. Welfare Standards and Merger Analysis: Why Not the Best? [J]. Competition Policy International, 2006 (2): 29 – 54; Carlton, D. W. Does Antitrust Need to be Modernized? [J]. Journal of Economic Perspectives, 2007, 21 (3): 155 – 176.

④ 引自威廉姆森著，张群群、黄涛译：《反托拉斯经济学——兼并、协约和策略行为》，经济科学出版社 1999 年版，第 19 页。

其是当兼并厂商大到需要反垄断当局审查的情况下更是如此。考虑到不同利益群体间不同的边际收入效用①，很难对这样的收入再分配或财富转移问题视而不见。然而，这个被消费者剩余标准纳入考虑的重要问题却被总福利标准忽略了。Farrell 和 Katz②（2006）将总福利标准忽略分配问题的原因归纳为以下四点：第一，在特定的兼并案例中很难确定应该给予分配问题多大程度的重视才是足够的。第二，兼并厂商的所有者和工人与消费者一样具有享受平等的权利，没有理由要照顾消费者这个利益群体而忽略生产者的利益。更何况在一些兼并案中，如从事奢侈品生产的厂商间的横向兼并，尽管消费者未必比兼并厂商的所有者更富裕，但肯定比兼并厂商的工人要富裕的多。第三，大多数横向兼并是中间产品厂商间的兼并，买主和卖主均是厂商，没有证据表明财富应当根据厂商在产业链中的位置来分配。第四，公共政策之间本身存在一个合理分工问题，再分配问题应交由其他公共政策如税收、转移支付等宏观政策来解决。

然而，令人遗憾的是，Farrell 和 Katz（2006）的分析是有缺陷的。首先，在资源配置既定的前提下，对资源配置的改变应当是帕累托改进的，即在没有使其他人利益受损的前提下，使一部分人的境遇变得更好。而这正是消费者剩余标准的核心思想：一起横向兼并获得反垄断当局同意的充要条件是兼并厂商获得的效率改进应大到足以保证消费者剩余不受损害。也就是说，消费者剩余标准能够实现帕累托效率，增进社会总福利。而总福利标准则未必能实现帕累托效率，它往往会导致消费者利益受损的横向兼并获得通过。即便按照 Farrell 和 Katz 自己的逻辑——反垄断当局没有理由在不考虑生产厂商利益的情形下照顾消费者利益，那么，又有什么理由以消费者利益受损的代价来使兼并厂商的境遇变得更好？其次，虽然很多横向兼并案发生在中间品行业，但如果考虑到该兼

① 通常，将 1 元钱从社会中富有的一方转移到相对贫穷的一方是增进社会总福利的行为，因为，这 1 元钱给穷人带来的效用要大于给富人带来的效用。

② Farrell, J., and Katz, M. L. The Economics of Welfare Standards in Antitrust [J]. *Competition Policy International*, 2006（2）：3 – 28.

并对终端消费者利益的影响，Farrell 和 Katz 的理由便不再成立。因为厂商成本增加的大部分会转嫁到终端消费者身上，尤其是终端需求无弹性时，中间品价格的上涨会全部转嫁到终端消费者身上，但厂商成本的下降却未必能大部分让渡给终端消费者[①]。因此，当中间品厂商兼并导致其买方势力增大时，如果其对下游市场进行销售时缺乏市场势力，那么，兼并导致受损的仅仅是上游厂商；而如果其对下游市场进行销售时具有较强的市场势力，那么，终端的消费者最终将遭受损失。最后，如果由横向兼并引发的收入再分配问题可以由税收等其他公共政策无成本或低成本地予以调解，那么将再分配问题排除在横向兼并审查考虑的范围之外尚且可以理解，但事实上，这个成本是巨大的。一方面，公共政策的执行部门需要花费大量的成本去评估横向兼并造成的收入转移，而这项任务本身又是极其难以完成的；另一方面，兼并厂商以及从兼并中获利的利益方会有很大的动力去从事成本高昂且无效率的行动来降低被税务机构征税的可能和减少纳税额。

综上所述，收入再分配问题是进行横向兼并审查时不应该回避的一个重要问题，采用消费者剩余标准不仅可以避免中和消费者剩余向生产厂商转移所产生的巨大费用，还可以实现帕累托改进，是一个可行的横向兼并审查的合意标准。

6.3 反垄断审查中的寻租与证据标准

6.3.1 问题的提出

要求进行公示和披露信息是各国保障反垄断审查过程信息透明的基

---

① 有关这方面的详细论述参见 Pittman，R.，2008. Consumer Surplus as the Appropriate Standard for Antitrust Enforcement. Available at：http：//lawprofessors. typepad. com/antitrustprof _ blog/files/consumersurplus. doc

本程序。例如，我国《反垄断法》第30条规定："国务院反垄断执法机构应当将禁止经营者集中的决定或者对经营者集中附加限制性条件的决定及时向社会公布"。通过对信息进行公示，既可以促使兼并厂商提供高质量的信息，又可提高反垄断审查机构在执法过程中的公开性和公正性，还可以为将来可能产生的法律诉讼问题提供佐证材料。然而，在反垄断审查过程中，由于信息不对称的客观存在，兼并厂商在提交材料信息过程之中往往会选择有利于自己的证据材料，并可能通过游说甚至行贿等方式来达成与反垄断审查机构的合谋。Johan 和 Paul（2005）的研究早已经指出，在横向兼并审查中，兼并厂商提供的信息完备程度和游说贿赂将影响反垄断审查机构的政策决定。一方面，在一个信息不对称的市场中，如果兼并有利可图但却不符合反垄断审查标准，兼并厂商总是有动机去游说、甚至贿赂反垄断审查官员，使得没有达到效率改进标准的横向兼并得以通过审查；同样，如果一项横向兼并将损害自身利益，则在位竞争者也将积极游说甚至贿赂反垄断审查机构来阻止该兼并申请的通过（Neven and Roller，2005）。另一方面，由于信息、专业知识的不对称和效率改进的难以验证性，反垄断审查官员客观上存在犯错的可能，且并非每一项游说或行贿都会被检举揭发，这就为寻租和受贿提供了天然的可能性和一定的必然性。理性的反垄断审查官员将在权衡厂商的游说与可能引发的惩罚后做出是否接受贿赂的决定。如果受贿带来的收益大于由此而可能被法院或其他政府监察部门如纪委查实后遭受的惩罚，其将接受厂商提供的好处；反之，其将严格秉公执法。郭京毅受贿案①便是一个明显的寻租与受贿例证。

然而，作为横向兼并重要的利益相关方，消费者因为太过分散，且大家都想"搭便车"，所以没有个体有动力去影响反垄断当局的审查决策，也鲜有消费者组成一个团体对反垄断审查机构施加影响和压力，至

---

① 在2004~2007年，原商务部条法司巡视员郭京毅为先后两次收受国美电器公司110万元人民币为其通过"国美并购永乐"的反垄断审查提供帮助。

少在中国是如此。

可见，尽管理论上消费者福利标准可以保证消费者利益免受横向兼并的侵害（张曦，2010），而且这一观点也得到了欧美反垄断当局的认可①，但在实际操作中，由于信息不对称条件下多重委托代理问题的客观存在，一个好的反垄断审查标准自身并不能保证通过审查的横向兼并都是符合标准的，不会损害消费者的利益。出于理性人的本质，兼并厂商和反垄断审查官员有可能利用信息的不对称而合谋，使得兼并对其他利益相关方造成损害。Neven 和 Roller（2005）以及张曦（2010）等分别就审查程序的透明度、反垄断审查机构的预算约束、信息质量的影响进行了研究，证实透明度、信息质量对审查结果有正向影响，而预算约束的影响则是相反；信息披露机制越透明，越能抑制寻租现象的发生。

然而，上述研究都忽略了消费者私人执法、具体的信息披露标准或证据标准对反垄断审查的影响。事实上，如果一项不达标的横向兼并申请被通过后，在可以举证的情况下，消费者可以在事后向法院提起民事诉讼，要求兼并企业给予损害赔偿。法院在证实该兼并确实对消费者利益构成伤害的情形下，可以强制要求兼并企业停止对消费者的侵害，并对消费者进行加倍赔偿。然而，这种民事诉讼的监督作用是否可以很好地发挥作用很大程度上既依赖于兼并的信息披露机制是否公开、透明，又依赖于兼并审查中的信息披露标准或证据标准是否适中。一个适中的兼并审查的信息披露标准或证据标准和公开、透明的信息披露机制可以为消费者的举证提供有利的导向和基础证据，同时也可以有效地抑制反垄断审查官员寻租的冲动。

6.3.2　基本模型

考虑一个兼并厂商、在位竞争厂商、反垄断审查官员以及消费者都

---

① 美国和欧盟的反垄断控制标准基本上都可以视为是最大化消费者剩余，而非总剩余（详见 Gelllhorn and Kovacic，1994）。

是风险中性者的古诺行业中的横向兼并。在横向兼并活动发生时，反垄断审查机构作为第三方对兼并厂商的并购申请材料进行审查，并依据消费者福利审查标准决定通过与否。当最终的审查结果公示之后，可能会面临私人诉讼或政府监察机构的调查。

（1）由于兼并厂商 M 可以通过自己对相关市场界定、市场集中度测算和单边效应规避等方式方法，掩盖不利于自己兼并活动的信息，因此反垄断审查机构和兼并厂商 M 之间存在着信息不对称。反垄断审查机构在接到兼并厂商 M 递交的兼并申请材料后，需要在法律法规规定的时间内完成对兼并申请材料的审查工作，并决定是否予以通过。在时间的约束下，信息的不对称使得反垄断审查官员 AA 可能会犯两种类型的错误：一是将不符合效率标准的兼并申请予以通过，我们称之为第 I 类错误；二是将符合效率标准的兼并申请予以拒绝，我们称之为第 II 类错误。犯错的可能性与反垄断审查机构选择的信息披露标准或证据标准 s 有关。假定反垄断审查官员犯第 I 类错误的可能性为 $p_1(s)$，犯第 II 类错误的可能性为 $p_2(s)$。受预算、专业知识等的约束以及效率改进的难以验证性（兼并厂商提供的材料均表明的是预计能够获得的效率改进情况），反垄断审查采取合规审查与合理推定相结合的方法。在兼并申请材料满足合规性要求的前提下，反垄断审查官员按照合理推定原则对兼并申请材料所揭示的效率改进进行判定，并享有较大的自由裁量权。按照合理推定的本质，只要没有证据表明该兼并在既定证据标准下将对消费者福利造成损害，反垄断审查官员就应通过该兼并申请，但由于在消费者福利审查标准下，反垄断审查官员实际上是消费者的代理人，且消费者处于弱势低位，因此，其在具体审查中将运用自由裁量权，按照修订后的合理推定原则即如下的规则进行决策：第一，如果能够合理判定兼并厂商提供的证据能够证明该兼并将获得足够大的效率改进，不会损害消费者福利，则通过该兼并申请；第二，如果能够合理判定兼并厂商提供的证据表明该项兼并不能够获得足够大的效率改进，将对消费者福利造成损害，则直接禁止该兼并；第三，如果无法依据兼并厂商提供的证据对兼并可能获得的效率进行合理判定，即审查中出现证据不足情形①，兼并厂商需在规定的时间内补充更加翔实可靠的材料，直到反垄断审查官员采信了其提供的证据时，通过该项兼并申请；但如果兼并厂商补充的材料仍不能打消反垄断审查官员的疑虑，反垄断审查官员可以禁止该项兼并。

兼并厂商 M 和在位竞争厂商 C 虽然均知道反垄断审查官员有犯错的可能，但由于涉及的利益过大，他们不敢将希望寄托于反垄断官员犯错，从而在决策中不考虑这一因素。负责反垄断审查的官员 AA 虽然是消费者的代理人，但其自身也是理性人，在消费者不能决定其升迁和薪资的情形下，他将按照自身利益最大化的原则来进行决策。如前所述，由于存在客观犯错且政府监察机构或法院不能查实的可能，反垄断审查官员 AA 本身具备受贿/设租的动机，因此其行动策略选择为消极审查（受贿）I^A 或积极审查（没有受贿）I^B。如果兼并厂商 M 和在位竞争厂商 C 都没有对反垄断审查官员 AA 施加影响，其将选择积极审查，根据既定的证据标准和合理推定原则决定是否通过该项兼并申请；但如果兼并厂商 M 或在位竞争厂商 C 对反垄断审查官员 AA 进行了游说或行贿，则其将权衡受贿与可能引致的惩罚的利弊得失，然后做出积极审查或消极审查的选择，并最终决定是否通过兼并申请②。这样，一项通过或没有通过审查的横向兼并既可能是符合标准的，也可能是不符合标准的；反垄断审查官员 AA 的行为类型既可能是积极审查（没有受贿），也可能是消极审查（受贿），这是他的私人信息。

（2）兼并厂商 M 发起的兼并有两种类型。第一种类型为 M^A。这种类型的兼并有利可图，可以获取 $\Delta\pi_m$ 的额外利润，但其效率改进达不到

---

　　① 当审查中出现证据不足情形时，存在两种举证方式：一是由兼并厂商进行举证，因为他们是兼并的直接受益者；二是由反垄断审查机构进行举证，因为他们是公权力的代表，在享有更多权力的同时，需担负更大的责任。然而，受制于人员以及预算经费的约束，由反垄断审查机构进行举证，耗时长久且费用巨大，故举证的责任一般由兼并厂商负责。因此，本研究只考虑兼并厂商举证的情形。

　　② 在此，我们不考虑有条件（如资产剥离）通过的可能。

反垄断审查的消费者福利标准。为了让这种有利可图的兼并申请得以通过，兼并厂商 M 一方面将按照证据标准的要求提供包含虚假信息的申请材料，成本为 K^A；另一方面将向反垄断审查官员 AA 行贿，而行贿额 F_m 的最大值不会超过其可能获得的预期额外利润 E。由于在古诺竞争模型下，当兼并厂商 M 获得的兼并效率改进不够高时，在位竞争厂商 C 将会因此而受益，因此在这种情形下，在位竞争者不会采取任何行动，而消费者将遭受 ΔCS 的损失。为了简化分析，不妨假定 $\Delta CS = \Delta\pi_m$。第二种类型为 M^P。这种类型的兼并可以获取足够大的效率改进，在促进行业竞争、增加消费者剩余 ΔCS 的同时，兼并厂商 M 自身也将获得额外的利润 $\Delta\pi_m$。由于这种类型的兼并满足通过反垄断审查的条件，兼并厂商不会对反垄断审查官员 AA 行贿，但在位竞争厂商 C 因自身利益受到损害，其将游说反垄断当局禁止该项兼并。在位竞争厂商 C 游说成本 F_c 的最大值为其在兼并申请通过后预期所遭受的损失 $\Delta\pi_c$，并有 $\Delta\pi_c < \Delta\pi_m + \Delta CS$。受审查程序透明度的影响，兼并厂商 M/在位竞争厂商 C 向反垄断审查官员 AA 行贿必须通过间接渠道进行，因此最终只有 δ 比例的行贿金额可以到达反垄断审查官员 AA 手中。因此，$1 - \delta$ 实际上可以用来间接衡量反垄断审查程序的透明度，即 $1 - \delta$ 越大，表明审查程序的透明度越高，行贿的难度越大。

考虑到即便一个效率大幅提升的兼并将降低市场均衡价格，提升消费者的福利水平，反垄断审查官员 AA 犯的第 II 类错误也没有对消费者构成实际影响，或者严格地说至少消费者没有因为反垄断审查官员 AA 的错误决策而使自己当下的福利受损，因此消费者不会对此有异议，更不会向政府监察机关举报或向法院提起诉讼，因此我们只考虑反垄断官员犯第 I 类错误的情形。

（3）兼并厂商 M 的行为是公共信息，但其发起的兼并类型是私人信息；同样，反垄断审查官员 AA 的行为也是公共信息，但其行为类型是私人信息。由于政府监察机关的举报奖励一般远小于法院裁定的损害赔偿，消费者一般会选择向法院提起诉讼。进一步，当消费者观察到兼并厂商的"反竞争行为"后，其并不知道兼并厂商的这一"反竞争行为"是真实的反竞争行为，还是正常的竞争行为。比如，消费者观察到兼并厂商提高了产品价格，但他并不知道这是因为兼并厂商效率改进不够而采取的反竞争行为，还是因为原材料涨价等原因而导致成本上涨所引发的正常竞争行为。消费者如要提起诉讼需要花费的证据搜集及讼诉成本为 f。借鉴 Andreea 和 Tropeano（2015）的思路和处理办法，假定搜集证据和诉讼的成本是消费者自己的私人信息，并根据累计函数 $F(u) = u/\bar{f}$ 在区间 $[0, \bar{f}]$ 上服从均匀分布。

（4）法院接到原告（消费者）的民事诉讼赔偿申请后，将依法受理并展开调查。法官不能观察到被告发起的兼并类型，他将根据法律法规的规定即反垄断审查中规定的证据标准来进行决策[①]。原告虽然提供了一些证据，但这些证据不足以清晰地辨别被告的行为是两种类型中的哪一种，因此，法官在接到原告的证据后，需要对原告和被告的对峙理由进行审查判断。法官建立在原告证据及被告抗辩理由基础上的信号与被告真实类型或行为非完美关联，但该信号依然被用来判断被告的责任。法官犯错的风险依赖于反垄断审查中规定的证据标准。一个高的证据标准[②]意味着要想证明被告有责任，意味着消费者需要在综合一系列复杂证据的基础上合理推断出被告的行为是反竞争的，这无疑大大增加了举证的难度，在"疑罪从无"的民法审判原则下，法官判定被告有罪的可能性就小，并且满足 $f(s)$，$s \in [0, 1]$，$f(s=0) = 1$，$f(s=1) = 0$。高的证据标准将以递增的速度减小兼并厂商被认定有责的可能性，即 $f'(s) < 0$，$f''(s) < 0$。同理，反垄断当局采纳的证据标准越高，需要证明兼并厂商的效率改进达到既定标准需满足的条件就越多，兼并厂商需提供的信息就越多、越复杂，反垄断审查官员 AA 犯第 Ⅰ 类错误的可

---

① 不考虑兼并厂商向法官行贿的情形。

② 例如，反垄断审查机构规定的证据标准既包括兼并对市场份额变动的影响，也包括兼并所获得的管理协同、技术协同、产能协同等效应对成本的影响，甚至还包括兼并对其与上游供应商关系的影响等。

能性就越低，因为只要在审查中发现兼并厂商提供的材料中有一点不能满足既定的证据标准即可禁止该项兼并；反之，证据标准越低，犯第 I 类错误的可能性就越大。假定证据标准为 s 在区间 $[0, 1]$ 上均匀分布，反垄断审查官员 AA 犯第 I 类错误的概率 $p_1'(s) < 0$，它随证据标准的提高而下降，并且满足 $p_1(s=0)=1$，$p_1(s=1)=0$。不失一般性，假定 $f(s) = 1 - s^2 > p_1(s) = 1 - s$。

如果被告被认定有责任，法院将要求被告必须立即停止相应的侵权行为并支付给原告 y 倍的损害赔偿，同时，法院将就该案件的审理情况函告政府监察机关。政府监察机关收到法院的情况通报后，将对兼并厂商通过反垄断审查的具体情况进行调查，以明晰是否存在反垄断审查官员受贿的问题①。因而，一旦兼并厂商被法院裁定有责，在反垄断官员 AA 真实类型为 I^A 的情形下，其被政府监察机关认定有责的概率为 $h(s) = 1 - p_1(s)$。如果有责，监察机关将对责任人进行行政、党纪、法纪等处罚，假定处罚的等值金额相当于其受贿所得的 $x(x>1)$ 倍。

博弈按照如下的顺序进行：第一，反垄断当局选择一个审查的证据标准 s，这是一个所有博弈参与方的共同信息，该标准既可以被其用来判定兼并申请是否可以通过，也可以被法院用来裁定被告（兼并厂商）是否损害了原告（消费者）的利益。第二，兼并厂商观察自己的行为并决定是否对反垄断审查官员行贿。第三，反垄断审查官员根据兼并厂商的行为和其提供的佐证材料来决定是否通过兼并申请。第四，如果效率不达标的兼并申请获得通过，兼并厂商必然会采取反竞争行为，消费者将根据证据搜集成本及其对兼并厂商行为类型的观察决定是否向法院提起诉讼。第五，法院在收到原告的诉讼请求后，将对原告提供的证据进行核查，并依据证据标准判定被告是否需要承担责任。一旦被告被认定

---

① 这里，假定兼并厂商没有向法院承认自己向反垄断审查官员行贿，因为一方面行贿本身是违法的，向法庭主动坦白也需承担相应的法律责任；另一方面，由于行贿是通过间接途径进行的，即便向法院坦诚自己的行贿行为，也不一定能够证实反垄断审查官员确实存在受贿情形。

有责，法院将依法裁定，要求相关责任人停止相关侵权行为并对原告进行损害的加倍经济赔偿，同时向政府监察部门致函。政府监察机关在收到法院的案件情况通报后，将对该兼并案件的审查情况进行核查，并依据证据标准裁定负责该项兼并审查的反垄断审查官员是否有责。

6.3.3 博弈分析

如前所述，当一项未达到效率标准的横向兼并申请被通过后，这既可能是反垄断审查官员 AA 犯第 I 种错误的结果，也可能是因为其接受兼并厂商 M^A 的贿赂所致。总之，这种类型横向兼并的结果降低了社会福利水平，扭曲了资源配置，形成了资源浪费。因此，一个适中的反垄断审查证据标准应最大限度地抑制这种现象的发生。

在由兼并厂商负责举证的情形下，反垄断审查官员 AA 首先需按照信息披露法规的要求对兼并厂商提供的申请材料进行合规性审查。当兼并厂商提供的材料通过合规性审查后，反垄断官员需进一步依据其提供的材料对该兼并可能获得的效率进行合理推定，并做出通过与否的最终裁定。当 M^A 类型的兼并申请被通过后，兼并厂商必然会采取反竞争行为，而消费者在观察到兼并厂商的反竞争行为后，将决定是否向法院提起诉讼。反垄断审查官员 AA 以及兼并厂商 M^A 正是根据这种预期在最大化自己效用的基础上做出最终决策。

首先，我们来考察第四阶段原告（消费者）的选择。如果原告观察到被告（兼并厂商 M^A）采取了反竞争行为，譬如涨价，他是否起诉取决于其预期利润 $f(s)y\Delta CS$ 是否超过证据搜集和诉讼成本 c。当且仅当 $f(s)y\Delta CS \geqslant c$ 时，即 $y \geqslant \dfrac{c}{f(s)\Delta CS}$ 时，消费者将选择发起诉讼。因而，被告 M^A 面对诉讼的概率为 $F(f(s)y\Delta CS)$。被诉的可能性随着损害补偿倍数 y 的增加而增加，即损害补偿倍数 y 内生于被诉可能性，因为这是原告发起诉讼的预期利润的最主要组成部分；而低的证据标准 s 与高的诉讼可能性联系在一起，因为证据标准越低意味着被告被证实有责的可能性越大，进而导致原告的预期利润更高。

接下来，我们回到第三阶段，考察反垄断审查官员 AA 的行为决策。作为理性人，AA 的决策同样建立在成本收益分析基础之上，即其是否选择受贿取决于受贿所带来的正效用能否超过可能引致的惩罚所带来的负效用。在消费者提起诉讼的情形下，类型为 M^A 的被告被判定有责的概率为 $f(s)F(f(s)y\Delta CS)$，类型为 I^A 的反垄断审查官员最终被认定消极审查或受贿的概率为 $(1-p_1(s))f(s)F(f(s)y\Delta CS)$，因而，相应的反垄断审查官员 AA 的效用函数为：

$$u(AA) = \delta F_m - [(1-p_1(s))f(s)F(f(s)y\Delta CS)] x\delta F_m \qquad (6.1)$$

由 $F(u) = u/\bar{c}$ 可知，$F(f(s)y\Delta CS) = f(s)y\Delta CS/\bar{c}$，故当且仅当式 (6.2) 成立时，反垄断审查官员 AA 才会接受兼并厂商的贿赂，通过该项未达到效率改进标准的兼并申请。

$$\bar{c} - xy(1-p_1(s))f^2(s)\Delta CS > 0 \qquad (6.2)$$

由式 (6.2) 可知，反垄断审查官员的行为选择受 $\bar{c}$、x、y、s 以及 ΔCS 等众多因素的影响。其中，$\bar{c}$ 越大，消费者起诉兼并厂商的概率越低，进而反垄断审查官员被政府监察机关追责的可能性也就越低，受贿的可能性也就越大；反之，y 与 ΔCS 越大，兼并厂商被消费者起诉的概率越高，进而反垄断审查官员被政府监察机关追责的可能性就越大，受贿的可能性就越低；s 越大，一方面，兼并厂商被法院判定有责的概率越小，进而反垄断审查官员被政府监察机关追责的可能性就越小；另一方面，反垄断审查官员客观犯错的可能性越低，一旦被追责，证实其有责的可能性就越高，因此，反垄断审查官员受贿的可能性取决于这两方面因素的综合作用；x 越大，反垄断审查官员从受贿中得到的预期效用就越低，受贿的可能性就越低。可见，反垄断审查官员是否接受兼并厂商的贿赂取决于其对受贿被查实的概率以及随之而来的惩罚的强度的（主观）判断。于是，由式 (6.2) 我们可以得到关于对反垄断审查官员受贿的最低惩罚力度 x^* 的命题 1。

命题 1：当且仅当 $x \geqslant x*(s) = \dfrac{\bar{c}}{y(1-p_1(s))f^2(s)\Delta CS}$ 时，才能够从根本上抑制反垄断审查官员消极审查的动机。

将 $f(s) = 1-s^2$ 和 $p_1(s) = 1-s$ 代入 x^* 的表达式，并对 s 求一阶偏导，可以得到

$$\frac{\partial x^*(s)}{\partial s} = \frac{\partial}{\partial s}\left[\frac{\bar{c}}{ys(1-s^2)^2\Delta CS}\right] = \frac{\bar{c}(5s^2-1)}{ys^2(1-s^2)^3\Delta CS} \qquad (6.3)$$

由式（6.3）可知，当 $s > \sqrt{5}/5$ 时，即反垄断审查官员犯第 I 类错误的可能性较低时，最低惩罚力度 x^* 是关于证据标准 s 的增函数，即 s 越高，x^* 越大；反之，当 $s < \sqrt{5}/5$ 时，即反垄断审查官员犯第 I 类错误的可能性较高时，最低惩罚力度 x^* 是关于证据标准 s 的减函数，即 s 越高，x^* 越小。

命题 1 表明，高证据标准虽然降低了反垄断审查官员犯错的可能，但同时显著增加了兼并厂商胜诉的可能，进而降低了反垄断审查官员受贿被查实的可能，因此需相应地提高最低惩罚力度来削弱反垄断审查官员选择消极审查行为的动机；反之，低证据标准虽然增加了反垄断审查官员犯错的可能，但同时也显著增加了兼并厂商败诉的可能，进而提高了反垄断审查官员受贿被查实的可能，削弱了其收受兼并厂商贿赂的动机，因此可以适当降低惩罚力度。

接下来，我们回到第二阶段，考察兼并厂商的行为选择。类型为 M^A 的兼并厂商，当且仅当其通过行贿所得到的预期收益不低于不采取任何行为的预期收益时，他才会对反垄断审查官员进行贿赂、游说等行为，因而有：

$$\Delta\pi_m - K^A - F_m - [f(s)F(f(s)y\Delta CS)]y\Delta CS \geqslant 0 \qquad (6.4)$$

同样，由 $F(u) = u/\bar{c}$，式（6.3）可变为：

$$\bar{c}(\Delta\pi_m - K^A - F_m) \geqslant y^2 f^2(s)\Delta CS^2 \qquad (6.5)$$

将 $f(s) = 1-s^2$ 和 $p_1(s) = 1-s$ 代入式（6.5）并取等式，可以得到：

$$s^*(y) = \left[1 - \frac{\sqrt{\bar{c}(\Delta CS - K^A - F_m)}}{y\Delta CS}\right]^{1/2} \qquad (6.6)$$

显然，$s^*(y)$ 是关于惩罚性赔偿 y 的增函数，即 y 越高，$s^*(y)$ 越小。

由式（6.5）和式（6.6），我们可以得到关于最低证据标准 s^* 的命题 2。

命题 2：当证据标准 $s \geq s^*(y)$ 时，类型为 M^A 的兼并厂商将对反垄断审查官员进行贿赂，以求不达效率审查标准的横向兼并申请得以通过。

证明：当且仅当 $\bar{c}(\Delta\pi_m - K^A - F_m) \geq y^2 f^2(s)\Delta CS^2$ 时，即 $s \geq s^*(y) = \left[1 - \frac{\sqrt{\bar{c}(\Delta CS - K^A - F_m)}}{y\Delta CS}\right]^{1/2}$ 时，兼并厂商才会对反垄断审查官员 AA 进行贿赂。证毕。

最后，回到第一阶段，考察反垄断当局的证据标准选择。命题 2 表明，在消费者福利标准和修订后的合理推定原则下，当反垄断审查官员享有较大自由裁量权时，如果反垄断当局采纳的证据标准足够高，尽管它可降低反垄断审查官员犯错的概率，但同时也会增加消费者举证的难度，显著降低兼并厂商败诉的概率，增强其行贿的动机，进而提高厂商与反垄断审查官员之间进行合谋的可能，导致效率改进未达到消费者福利标准的横向兼并申请获得通过，对消费者福利构成损害。这意味着，反垄断当局在设定横向兼并的反垄断审查证据标准时，应简化而不是复杂化证据标准，实行相对简单的证据标准。

6.3.4　结论与反垄断政策启示

理论上，消费者剩余标准是一个可以实现帕累托效率改进的标准，而且易于执行，是一个可行的合意审查标准，但一个合意的审查标准本身并不能确保消费者利益免受横向兼并的侵害。确保审查标准被公正无私、忠实地执行的一个关键问题是预防反垄断审查中的寻租（腐败或行贿受贿）问题，这对新兴经济国家尤为重要。

在反垄断审查过程中，兼并厂商和反垄断审查官员间客观存在的信息不对称、兼并效率的难以验证性、反垄断审查官员享有的较大自由裁量权以及受贿难以被查证的特征使得反垄断审查官员天然具有受贿的动机，而私人执法作为一种矫正机制正在反垄断领域发挥着越来越重要的作用，与公共执法成为反垄断执法中并行的两种执法模式。这一点在欧美西方发达国家体现得尤为明显。本研究在一个博弈分析框架下讨论了私人执法的情形下，反垄断当局所采用的证据标准对抑制反垄断审查中寻租现象的影响。与一般思维的直观推导结果不同，本研究结果表明，在消费者福利标准和修正后的合理推定原则下，反垄断当局采纳的证据标准并非越高越好。一个适中的证据标准需要同时考虑其对反垄断审查官员客观犯错的影响和对消费者赢得诉讼的可能性的影响。当证据标准足够高时，高标准虽然可以在很大程度上避免反垄断审查官员犯第 I 类错误的可能性，但同时也显著增加了效率不达标的兼并厂商的反竞争行为逃脱法律制裁的可能，这将增加兼并厂商与反垄断审查官员合谋的可能，从而使得本不该通过审查的兼并申请得以放行，消费者福利受到侵蚀。这一基本结论并不会因反垄断执法模式选择的不同而发生改变，即在公共执法的情形下，过高的证据标准仍然将有利于兼并厂商与反垄断审查官员之间的合谋，导致消费者福利受损。可见，一个理论上好的消费者福利标准和一个公开透明的审查程序并不能确保消费者的福利水平不会受到兼并厂商的侵害，反垄断当局在实际操作时所选择的证据标准对最终的审查结果和消费者福利水平的影响至关重要。这意味着反垄断当局在对横向兼并中的反垄断审查证据标准进行制度设计时，首先应考虑其对验证横向兼并效率的有效性，然后在此基础上尽可能地简化证据标准，实行相对简单的证据标准。

6.4　本　章　小　结

效率抗辩引发了学界关于总福利标准与消费者福利标准孰优孰劣的争论，而某一既定标准下的反垄断执法中因信息不对称而存在的寻租问题在新兴市场经济国家普遍存在。为此，本研究首先运用逻辑演绎的方法对这两个标准进行了讨论，指出消费者福利标准具有帕累托改进性质，且更具可操作性；然后在消费者福利标准下，就私人执法情形下反垄断审查中的证据标准对寻租的影响进行了博弈分析，结果表明一个不是太高标准的证据标准将有利于抑制寻租现象。

第 7 章

横向兼并的结构性补救：资产剥离[*]

7.1 引 言

由于横向兼并通常增强了兼并厂商的市场势力，改变了市场结构，减少了相互作用的厂商数量，降低了厂商间协调相互行动的难度，弱化了竞争，各国在反垄断审查中总是小心地权衡兼并带来的效率改进与其产生的反竞争效应。为了让兼并厂商获得效率改进，同时避免横向兼并所产生的单边效应和/或协调效应，反垄断当局通常以一定数量的资产剥离作为通过横向兼并审查的先决条件。

然而，学界对于资产剥离措施的有效性至今尚未达成共识。在可搜集到的有限文献中，主流学者们的观点基本上可以划分为相互对立的两大类。一派是以 Compte 等（2002）、Cabral（2003）、Vasconcelos（2005）和 Mota 等（2007）为代表的学者，认为资产剥离无助于恢复竞争。例如，Compte 等（2002）证明，如果向在位竞争对手剥离资产，

＊ 本章主要内容已发表在张曦：《古诺市场上的资产剥离措施有效吗——成本不对称视角》，载《南开经济研究》，2016 年第 3 期，第 21 ~ 51 页。

如果不影响最大和最小厂商的资产规模，则这样的资产剥离措施是无效的，至少是不会对默契合谋有任何影响，这一点得到了 Vasconcelos（2005）的证实；Cabral（2003）指出，兼并者无意通过资产剥离来创造一个有竞争实力的竞争对手，因此其总是有动机通过出售资产来有效地收买资产竞买者；而 Mota 等（2007）则进一步指出资产剥离存在五大问题，例如，向行业内在位竞争者剥离资产虽可加强其竞争力，但由于对称性或多市场合约的原因，亦会增加行业合谋的可能。因此，只有资产剥离措施的运用既不会引发单边效应，又不会引发联合占优（协调效应）时，反垄断当局才可以将其作为一种补救措施。另一派则是以 Aldo Gonzalez（2007）、Consnita 和 Tropeano（2009）为代表，认为资产剥离是有效的，可以降低兼并后的市场均衡价格。Aldo Gonzalez（2007）坦言："尽管资产剥离的成本高昂，但相对于仅仅依赖于反垄断当局对横向兼并效率的先验信念而言，建立在资产剥离措施基础上的决定能够获得相对更优的结果"。除上述两大派观点之外，还有一些研究也对资产剥离进行了有益的探究。例如，Vergé（2007）和 Bouqette（2008）指出，消除横向兼并可能产生的反竞争效应所需最低资产数量与该兼并所能获得的效率成反比，即兼并获得的效率改进越大，消除反竞争效应所需的最低资产剥离量就越小。张曦（2010）通过对成本对称情形下资产剥离有效性的详细分析，指出资产剥离的有效性是条件依赖的，它取决于行业内竞争厂商间的成本分布情况。白雪等（2012）从成本不对称角度进一步证实了张曦（2010）的这一观点。Vergé（2010）指出，若横向兼并不能获得技术协同效应，则资产剥离仅仅在非常有限的情形下才有效。

通过对上述有关文献的梳理，不难发现，学界不同观点间纷争其实并非实质性的对立，只是在各自不同的约束条件下所得出的不同结论而已。换言之，资产剥离的有效性是有条件约束的。例如，在不考虑协调效应的前提下，"在兼并前成本对称的市场上，向行业内在位竞争者剥离资产可以有效消除横向兼并所产生的单边效应，但若向潜在进入者剥离资产，则会导致比兼并前更高的市场均衡价格"（张曦，2010）。但截至目前，尚未有文献对不对称条件下资产剥离的有效性进行系统分析，尚不清晰技术和资产是如何影响资产剥离有效性的。为此，本章将在古诺模型的基础上，借助 MATLAB 工具模拟分析不对称条件下资产剥离的合意性，以期明晰技术和资产对资产剥离有效性的影响，进而为反垄断实践提供理论参考。

7.2　基本模型

为了考察厂商成本不对称条件下，横向兼并控制中的资产剥离的有效性，有效揭示资产剥离对兼并厂商、竞争者、消费者的影响，以及合意资产剥离的条件，考虑一个三厂商寡占情形下的横向兼并，并假定：

（1）厂商间生产的是同质产品，兼并前和兼并后都是古诺市场。做出这样一个假定是为了避免出现因兼并获得足够大的效率改进而将竞争对手驱逐出市场的掠夺定价行为。

（2）厂商 1 是行业内规模最大的厂商或成本最低的厂商，兼并发生在厂商 2 和厂商 3 之间，兼并后形成的实体设为 d。之所以考虑这样一种情况，是因为规模最大的厂商对另外任何一家厂商的兼并都将显著增强其市场势力，削弱市场竞争程度，这是反垄断当局所不愿意看到的，因此，这种兼并往往被反垄断当局所阻止。

（3）市场需求是线性的。为了方便，我们直接用反需求函数 $P = 1 - Q$ 来表示市场的需求函数，其中，行业总产出 $Q = \sum_{i=1}^{3} q_i$，$q_i(i = 1, \cdots, 3)$ 是厂商 i 的产出。需求函数满足 $P' < 0$，即随着产出的增加，价格趋于下降。

（4）行业内厂商间的成本不对称，但在给定资产和技术的情况下，任一厂商的产品边际成本恒定不变。与张曦（2010）一样，我们假设厂商的成本函数是其拥有的资产（或资本）和生产技术的函数。厂商拥有的资产越多，产品边际成本越低；同理，厂商拥有的生产技术越先进，产品边际成本越低。令 k_i（$k_i > 0$，$\sum k_i = 1$）表示资本，t_i（$t_i > 0$）表示生产技术，则厂商 i 的成本函数可以表示为 $C_i(q_i, k_i) = k_i g + t_i q_i / k_i$，满足 $C_i' = \dfrac{\partial C}{\partial k_i} < 0$，$C_i'' = \dfrac{\partial^2 C}{\partial k_i} > 0$，即成本函数是资产的凸函数。其中，厂商的固定成本由其拥有的资产量决定，代表进入行业的沉淀成本或专用资产投资（g 可以理解为折现系数）。为了分析方便，不失一般性，我们令固定成本为零。由此，厂商间的成本不对称可以分为三种情形。一是技术相同，但资产拥有量不同；二是资产拥有量相同，但技术不同；三是资产拥有量和技术均不同。

（5）每个厂商追求利润最大化，即厂商按照利润最大化原则来做决策。令 q_{-i} 表示除厂商 i 外的行业总产出，则厂商 i 的利润函数为：$\pi_i = P(q_i, q_{-i}) q_i - C_i(q_i, k_i)$。进一步，每个厂商的产量与利润均非负，即 $q_i > 0$、$(P - C_i') \geqslant 0$。其中产量非负隐含着条件 $n - \sum \dfrac{t_i}{k_i} \geqslant 0$。

（6）反垄断当局采用消费者福利标准来审查横向兼并。如果兼并能带来显著的效率改进，导致兼并后的市场均衡价格下降，在不涉及协调效应关切的前提下直接予以批准；如果兼并不能带来效率改进，则直接禁止；如果兼并能够带来一定的效率改进，但不足以使兼并后的市场价格维持在兼并前的水平，则以一定量的资产剥离为附加条件通过兼并申请，但资产剥离的数量需同时满足价格和利润约束条件。一方面，资产剥离数量需保证兼并后的市场均衡价格恢复到兼并前的水平，达到反垄断审查标准；另一方面，兼并实体 d 在资产剥离后的利润需不低于两个兼并参与厂商在兼并前的利润和，否则，兼并厂商不具备兼并动机。

（7）兼并参与者被剥离的资产既可以出售给市场上在位的竞争者厂商 1，也可以出售给技术水平为 t_N 的潜在的进入者 N。出售方式为双方自行议价。

根据上述条件，易知兼并前的市场均衡产出和均衡价格分别为 $Q^b = \frac{1}{4}\left(3 - \sum_{i=1}^{3} \frac{t_i}{k_i}\right)$，$P^b = \frac{1}{4}\left(1 + \sum_{i=1}^{3} \frac{t_i}{k_i}\right)$。进而，我们可以求出兼并前均衡状态下每个厂商的利润为 $\pi_i^b = \left(\frac{1}{4} - \frac{t_i}{k_i} + \frac{1}{4}\sum_{j=1}^{3} \frac{t_j}{k_j}\right)^2$。

7.3 技术相同、资产量不同情形

不妨设 $t_1 = t_2 = t_3 = t$，$k_1 > k_2 > k_3$，$k_1 < (k_2 + k_3)$，且 k_i 只能取到小数点后两位（以下除非特别声明，k_i 和 t_i 的取值一直沿用这一假设），这隐含着 $k_1 \in [0.35, 0.49]$，$k_2 \in [0.19, 0.48]$，$k_3 \in [0.03, 0.32]$。当厂商2和厂商3合并后，如果没有资产剥离，则兼并后的实体 d 将获得充分的资产协同效应，其边际成本将下降为 $\frac{t}{k_2 + k_3}$。兼并后的市场均衡产量和价格分别为 $Q^a = \frac{1}{3}\left(2 - \frac{t}{k_1} - \frac{t}{k_2 + k_3}\right)$、$P^a = \frac{1}{3}\left(1 + \frac{t}{k_1} + \frac{t}{k_2 + k_3}\right)$。

7.3.1 兼并对市场均衡产量和价格的影响

首先，如果厂商3的资产拥有量太低的话，其将不能成为市场上有效的竞争者，不妨令 $k_3 = 0.25$（事实上，在 k_3 的定义域内任意取值所得到的结果均基本一致），则 $k_1 \in [0.38, 0.49]$，$k_2 = 0.75 - k_1$；其次，参数 t 对均衡产量和均衡价格的结果没有实质性影响，但为了满足条件 $n - \sum \frac{t_i}{k_i} \geq 0$，需 $t \leq 0.30$，而厂商利润非负条件进一步要

求 t≤0.16①。不失一般性，假定 t = 0.15。根据上述两个假定，我们可以得到图 7 - 1 和图 7 - 2 所示的兼并前后的均衡产量与均衡价格对比情况。

从图 7 - 1 和图 7 - 2 可以看出，当厂商 2 和厂商 3 兼并后，由于获得了显著的效率改进，兼并后的实体 d 跃居为行业最大的厂商，同时也是成本最低的厂商，产量大大增加，导致兼并后的市场均衡产量高于兼并前，进而使得均衡价格低于兼并前。而且，在厂商 3 资产量以及行业技术既定的前提下，兼并后的均衡产量随厂商 1 资产量的增大而递增。

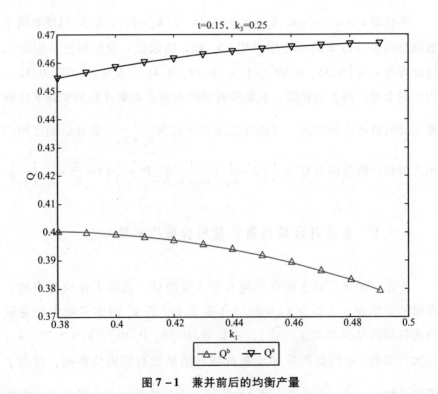

图 7 - 1 兼并前后的均衡产量

---

① 由于 3 变量的直观代数解无法得到，该条件是在约束条件下通过 matlab 得到的。

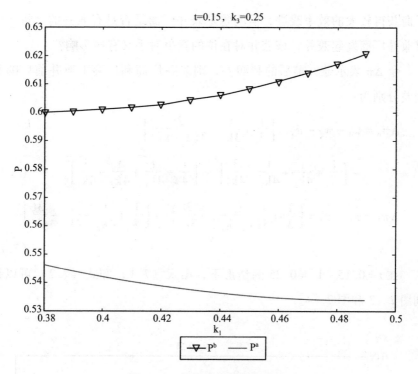

图 7 - 2　兼并前后的均衡价格

令 $\Delta Q = Q^a - Q^b$。当 $k_1 \in [0.38, 0.49]$ 时，由 $\dfrac{\partial \Delta Q}{\partial t} = \dfrac{12k_1 - 1}{12k_1} +$

$\dfrac{k_1}{3(3 - 4k_1)(1 - k_1)} > 0$ 可知，在厂商 3 资产量既定的条件下，兼并后的均衡产量的增量随着技术水平的提高（t 值的下降）而递减。进一步由 $Q^a = Q^b$ 可得，当 $t < \dfrac{k_1(1 - k_1)(3 - 4k_1)}{48k_1(1 - k_1)^2 - (1 + 3k_1)(3 - 4k_1)}$ 时，兼并后的均衡产量低于兼并前，消费者福利受损。

7.3.2　兼并对兼并厂商和竞争者的影响

尽管从图 7 - 1 和图 7 - 2 中我们可以看到横向兼并可以使兼并参与

厂商获得较大的效率改进，但问题是兼并厂商是否具有兼并的动机？如果兼并厂商发起兼并，该兼并对在位的竞争对手又有何影响？

令 $\Delta\pi$ 表示兼并前后的利润差，则兼并厂商和厂商 1 兼并前后的利润差分别为：

$$\Delta\pi_d = \pi_d^a - \pi_2^b - \pi_3^b = \left[\frac{1}{3} + \frac{t}{3k_1} - \frac{2t}{3(1-k_1)}\right]^2$$

$$- \left[\frac{1}{4} + \frac{t}{4k_1} + \frac{t}{4k_3} - \frac{3}{4k_2}\right]^2 - \left[\frac{1}{4} + \frac{t}{4k_1} + \frac{t}{4k_2} - \frac{3}{4k_3}\right]^2 \quad (7.1)$$

$$\Delta\pi_1 = \pi_1^a - \pi_1^b = \left[\frac{1}{3} + \frac{t}{3(1-k_1)} - \frac{2t}{3k_1}\right]^2 - \left[\frac{1}{4} + \frac{t}{4k_2} + \frac{t}{4k_3} - \frac{3t}{4k_1}\right]^2$$

$$(7.2)$$

在 $t = 0.15$、$k_3 = 0.25$ 的情形下，由式 (7.1) 和式 (7.2) 可以得到图 7-3 和图 7-4。

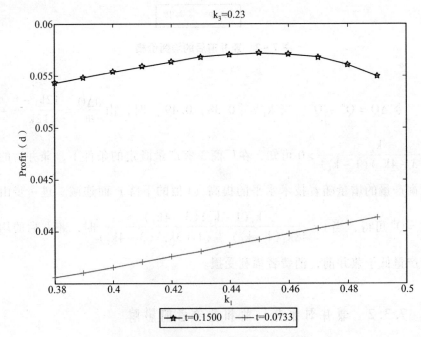

图 7-3 兼并厂商兼并前后的利润差

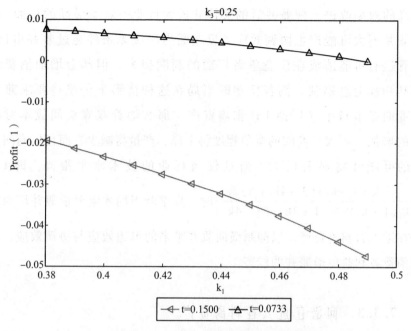

图 7 - 4　厂商 1 兼并前后的利润差

从图 7 - 3 和图 7 - 4 可以看出，厂商 2 和厂商 3 具备发起兼并的动机，因为其兼并后的利润大大高于兼并前的联合利润。不过，厂商 1 的利润低于兼并前，且其利润水平在厂商 3 的资产量和行业技术水平给定的条件下随其资产量的增加而递减，但在厂商 3 和厂商 1 的资产量给定的前提下，其利润又随行业的技术水平的提高而递增。当行业的技术水平提高到 $t_N \leqslant 0.07$ 时，厂商 1 和兼并厂商都可以从兼并中获利（见图 7 - 4），同时消费者利益还不受侵害，社会总福利因横向兼并而增加。此时，若没有证据表明兼并将产生协调效应，反垄断当局应无条件批准该种类型的兼并申请。

可见，在一个三寡头古诺市场上，如果行业技术水平不是很高，厂商总是具有发起兼并的动机。倘若有证据表明该兼并可以获得足够高的效率改进，使兼并后的实体 d 成为行业中效率最高的厂商①且该兼并不大可能产生协调效应，反垄断当局应无条件通过兼并申请，尽管这有可能造成在位竞争者厂商的利润损失，但却会增加消费者福利和社会总福利。倘若反垄断当局在这种情形下仍坚持要求兼并厂商向竞争对手（厂商 1）剥离资产，那么随着双寡头间成本对称性的增强，不仅厂商间的竞争程度将下降，产量将减少，而且厂商间合谋的可能性将显著增大。当且仅当行业的技术水平很高，即 $t < \dfrac{k_1(1-k_1)(3-4k_1)}{48k_1(1-k_1)^2 - (1+3k_1)(3-4k_1)}$ 时，反垄断当局才应要求兼并厂商向潜在进入者剥离资产，以抑制横向兼并带来的单边效应与协调效应，确保消费者利益免遭兼并的侵害。

7.3.3　向潜在进入者剥离资产

在向潜在进入者剥离 $\Delta k(0 < \Delta k < \min(k_2, k_3))$ 的资产后，市场均衡产量和价格分别为 $Q^{ae} = \dfrac{3}{4} - \dfrac{1}{4}\left(\dfrac{t}{k_1} + \dfrac{t}{1-k_1-\Delta k} + \dfrac{t}{\Delta k}\right)$、$P^{ae} = \dfrac{1}{4} + \dfrac{1}{4}\left(\dfrac{t}{k_1} + \dfrac{t}{1-k_1-\Delta k} + \dfrac{t}{\Delta k}\right)$。令兼并前后的价格差 $\Delta P = P^{ae} - P^b$，由消费者福利审查标准的价格约束条件，我们可以得到：

$$\Delta P = \frac{t}{4(1-k_1-\Delta k)} + \frac{t}{4\Delta k} - t - \frac{t}{3-4k_1} \leqslant 0 \tag{7.3}$$

同理，令兼并厂商兼并前后的利润差 $\Delta\pi = \pi_d^{ae} - \pi_2^b - \pi_3^b$，由其利润约束条件，我们可以得到：

$$\Delta\pi_d = \left[\frac{1}{4} + \frac{t}{4k_1} - \frac{3t}{4(1-k_1-\Delta k)} + \frac{t}{4\Delta k}\right]^2 - \left[\frac{1}{4} + \frac{t}{4k_1} + t - \frac{3t}{3-4k_1}\right]^2$$

---

① 放宽对厂商 1 资产的约束，即便其资产规模大于厂商 2 和厂商 3 的和，即其资产量大于 1/2，只要行业技术不是特别先进，兼并也可以获得足够大的效率改进，使得市场均衡价格下降。

$$-\left[\frac{1}{4}+\frac{t}{4k_1}+\frac{t}{3-4k_1}-3t\right]^2 \tag{7.4}$$

由式（7.3）可知，在技术相同、资产不对称情形下，反垄断当局要求的最低合意资产剥离数量与技术无关，而只与厂商 1 的资产有关。对式（7.3）取等式，即可得到最低的合意资产剥离数量为 $\Delta k_1 = 0.25$ 或 $\Delta k_2 = 0.75 - k_1$。这意味着需要将厂商 2 或厂商 3 的全部资产剥离给潜在进入者，使市场恢复到兼并前的结构，显然，这不符合兼并厂商的利润约束条件。

综合以上分析，我们得到推论 1。

推论 1：在厂商技术相同、资产不同的三寡头古诺市场上，若两个效率相对落后厂商间的横向兼并可以获得足够大的效率改进，从而跃升为行业成本最低的厂商，则其总是具有兼并动机，且在行业技术水平不是特别高的情形下，兼并将增加行业总产量，降低市场均衡价格，增加社会总福利。但在行业技术特别先进的情形下，该兼并将产生单边效应，此时，向潜在进入者剥离资产无效，而向在位竞争者剥离资产则会增大合谋的可能。

7.4　技术不同、资产量相同情形

不妨设 $k_1 = k_2 = k_3 = 1/3$，$t_3 > t_2 > t_1$，即厂商间的资产拥有量相同，但厂商 1 的技术优于厂商 2 和厂商 3，而厂商 2 的技术又优于厂商 3。由条件 $n - \sum \frac{t_i}{k_i} \geq 0$ 可推知 $t_1 + t_2 + t_3 \leq 1$，而厂商利润非负进一步要求 $t_1 + t_2 \geq 3t_3 - 1/3$，这暗含着 $1/9 < t_3 \leq 1/9 + (t_1 + t_2)/3$。兼并前的市场均衡产量和均衡价格分别为 $Q^b = \frac{3}{4}(1 - \sum_{i=1}^{3} t_i)$ 和 $P^b = \frac{1}{4} + \frac{3}{4}\sum_{i=1}^{3} t_i$。

考虑两种可能的不同情形：一是兼并厂商仅获得技术协同效应，即兼并后的实体 d 可以以厂商 2 的技术进行生产，但因为某种原因不能整合资产。这是一种极端的情形。此时，厂商 2 和厂商 3 仍独立存在，兼并实体 d 根据成本函数 $C_d(q_d, t_d) = 3t_2 q_d$ 先决定联合利润最大化的产量，然后再在厂商 2 和厂商 3 之间平均分配产量。二是兼并厂商不仅可获得技术协同效应，同时还可获得资产协同效应，即厂商 2 和厂商 3 完全整合为单一厂商 d。此时，兼并实体 d 的成本函数为 $C_d(q_d, t_d) = 3t_2 q_d / 2$。

7.4.1 仅存在技术协同效应

当兼并厂商仅能获得技术协同效应时，其将通过最大化 $\pi_d = (1 - q_1 - q_d) q_d - 3t_2 q_d$ 来选择联合产量，此时，兼并后的市场均衡产量和均衡价格分别为 $Q^a = \frac{1}{3}(2 - 3t_1 - 3t_2)$ 和 $P^a = \frac{1}{3}(1 + 3t_1 + 3t_2)$。

7.4.1.1 兼并对均衡产量和价格的影响

令 $\Delta Q = Q^a - Q^b$，易知当且仅当 $t_1 + t_2 \leqslant 3t_3 - 1/3$ 时，兼并后的均衡产量不低于兼并前，市场均衡价格小于等于兼并前，但由于厂商利润非负条件要求 $t_1 + t_2 \geqslant 3t_3 - 1/3$，故当且仅当 $t_1 + t_2 = 3t_3 - 1/3$ 时，兼并不会产生单边效应，此时，$1/9 < t_3 \leqslant 1/3$；若 $t_1 + t_2 > 3t_3 - 1/3$，则兼并后的均衡产量低于兼并前，兼并将产生单边效应，消费者利益受损，此时有 $1/9 < t_3 < 1/3$。

7.4.1.2 兼并对兼并厂商和竞争者的影响

兼并厂商和厂商 1 兼并前后的利润差分别为：

$$\Delta \pi_d = \pi_d^a - \pi_2^b - \pi_3^b = \left[\frac{1}{3} + t_1 - 2t_2\right]^2 - \left[\frac{1}{4} + \frac{3t_1}{4} + \frac{3t_3}{4} - \frac{9t_2}{4}\right]^2$$

$$- \left[\frac{1}{4} + \frac{3t_1}{4} + \frac{3t_2}{4} - \frac{9t_3}{4}\right]^2 \qquad (7.5)$$

$$\Delta \pi_1 = \pi_1^a - \pi_1^b = \left[\frac{1}{3} + t_2 - 2t_1\right]^2 - \left[\frac{1}{4} + \frac{3t_2}{4} + \frac{3t_3}{4} - \frac{9t_1}{4}\right]^2 \qquad (7.6)$$

考虑 $1/9 < t_3 < 1/3$ 时 $t_1 + t_2 = 3t_3 - 1/3$ 和 $t_1 + t_2 > 3t_3 - 1/3$ 两种不同情形。

（1）当 $t_1 + t_2 = 3t_3 - 1/3$ 时，厂商 3 的利润为零，兼并对行业总产量没有影响，进而均衡价格不变，但厂商 1 的产量受兼并的影响而减少，兼并实体 d 从厂商 1 处"窃取"到一部分产量，数量恰好等于厂商 1 减少的数量。因此，当 $t_1 + t_2 = 3t_3 - 1/3$ 时，厂商 2 和厂商 3 总是具备兼并的动机，其增加的利润恰好是厂商 1 减少的利润，兼并侵害了在位竞争者的利益，导致利益在相互竞争的厂商之间重新分配，但这既没有增加或减少社会总福利，也没有影响消费者的福利水平。由于没有证据表明效率相对落后厂商的利益要比效率相对高的厂商的利益重要，且该种类型的兼并减少了厂商数量，改变了市场结构，增加了行业默契合谋的可能，反垄断当局应该直接予以否决。

（2）当 $t_1 + t_2 > 3t_3 - 1/3$ 时，若 $t_3 = 0.12$，$t_2 \in [0.03, 0.11]$，技术协同效应 $\Delta = (t_3 - t_2)/t_3$ 可能取到最大值 83%，因此假定 $t_3 = 0.12$。由于 $t_1 < t_2$，不妨分别令 $t_1 = 0.02$、$t_1 = 0.04$、$t_1 = 0.06$，在相应的 t_2 的值域范围内，由式（7.5）、式（7.6）可以得到图 7-5 所示的图形。

从图 7-5 可以看出：只要厂商 2 和厂商 3 之间的技术差距不是非常接近或者技术协同效率不是特别低[1]，尽管兼并可以增加的利润非常少，但总是具备兼并的动机，且兼并动机在厂商 1 的技术不是非常先进的情形下基本上随着技术差距的缩小而减弱[2]；而在位竞争者厂商 1 的利润却总是因兼并而增加，且随着兼并可获得技术协同效应的减弱而递增。总体上，当 $t_1 + t_2 > 3t_3 - 1/3$ 时，厂商 2 和厂商 3 的横向兼并将显著增加生产者剩余。

---

[1] 当两者之间的技术差距仅为 0.01，即当 $t_2 = 0.11$ 时，兼并后的利润小于兼并前的联合利润。

[2] 值得注意的是，当厂商 1 的技术非常先进时，如 $t_1 = 0.02$，兼并厂商的利润增量随着两厂商间技术差距的缩小而呈现先递增后递减的倒 U 形变化。

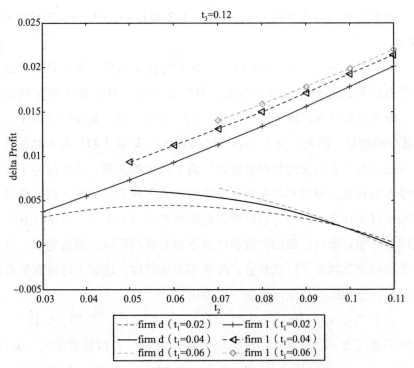

图 7 – 5　$t_1 + t_2 > 3t_3 - 1/3$ 情形下兼并前后的利润差

7.4.1.3　剥离资产

由上述分析可知，当且仅当 $3t_3 - 1/3 < t_1 + t_2 \leqslant 1 - t_3$ 时，由于兼并获得的技术改进效率不够高，兼并后的市场均衡产量低于兼并前，进而均衡价格较兼并前要高，消费者福利受损。此时，反垄断当局会考虑通过向在位的竞争对手或潜在进入者资产剥离来有条件地通过兼并申请，以抑制兼并产生的单边效应，但这就要求其判定资产剥离措施是否有助于增加行业总供给，进而将价格恢复到兼并前的水平，同时，还要考虑资产剥离是否会引发协调效应。

（1）向在位的竞争对手剥离资产。考虑将部分资产剥离给厂商 1。若厂商 1 不能获得资产协同效应，其不具备接受剥离资产的动机，因为这既无助降低其成本[①]，又不能增加其产量[②]；若厂商 1 可以获得资产协同效应，那么将降低其成本，从而扩大产量，则任意数量严格为正的资产剥离不仅有助于抑制横向兼并的单边效应，将价格恢复到兼并前水平甚至比兼并前更低的水平上，而且有助于预防兼并的协调效应，因为资产剥离增加了厂商间成本的不对称性。

仍令 $\Delta k (0 < \Delta k < 1/3)$ 为资产剥离数量，则资产剥离后的市场均衡产量和价格分别为 $Q^{ai} = \dfrac{2}{3} - \dfrac{1}{3}\left(\dfrac{3t_1}{1+3\Delta k} + 3t_2\right)$、$P^{ai} = \dfrac{1}{3}\left(1 + \dfrac{3t_1}{1+3\Delta k} + 3t_2\right)$，兼并前后的价格差和兼并厂商的利润差分别为：

$$\Delta P = P^{ai} - P^b = \frac{1}{12} + \frac{t_1}{1+3\Delta k} + t_2 - \frac{3t_1}{4} - \frac{3t_2}{4} - \frac{3t_3}{4} \tag{7.7}$$

$$\Delta \pi_d = \pi_d^{ai} - \pi_2^b - \pi_3^b = \left(\frac{1}{3} + \frac{t_1}{1+3\Delta k} - 2t_2\right)^2 - \left(\frac{1}{4} + \frac{3t_1}{4} - \frac{9t_2}{4} + \frac{3t_3}{4}\right)^2$$
$$- \left(\frac{1}{4} + \frac{3t_1}{4} + \frac{3t_2}{4} - \frac{9t_3}{4}\right)^2 \tag{7.8}$$

为了考察厂商 3 的技术水平和兼并所获得的技术协同效应 $\Delta t = (t_3 - t_2)/t_3$ 对资产剥离数量的影响，我们假定 $t_3 = 0.12$，因为在这种情形下，技术协同效应有可能取到最大值。

考虑到厂商 3 的技术如果相对于厂商 2 太落后会影响到其成为市场有效竞争者，不妨假定 $t_2 \geq 3t_3/5$；同理，假定 $t_1 \geq 3t_3/10$。于是有 $\Delta \in [0.01, 0.40]$。按照 Δ 值的大小，我们将技术协同效应分为低、中、高三种不同类型，分别对应 $\Delta_l \in [0.01, 0.16]$、$\Delta_m \in (0.16, 0.3]$ 和 $\Delta_h \in (0.3, 0.40]$。不失一般性，分别令三种类型的技术协同效应取中值，有 $\Delta_l = 0.08$、$\Delta_m = 0.23$、$\Delta_h = 0.35$。

将 $t_3 = 0.12$ 和 $\Delta = (t_3 - t_2)/t_3$ 代入式（7.7），可以得到如下的简化

[①] 厂商 1 的技术是行业领先的，其不可能从接受剥离资产中获得任何技术协同效应。

[②] 这种情况更为罕见，因为厂商 1 的技术水平处于行业领先位置，在兼并前是行业的"领头羊"，其相对于其他竞争对手的资产整合能力理应更强。

形式:

$$\Delta P = \frac{t_1}{1 + 3\Delta k} - \frac{3t_1}{4} - \frac{3\Delta}{100} + \frac{7}{300} \qquad (7.9)$$

式 (7.9) 两边对 Δk 求一阶偏导数可得 $\frac{\partial \Delta P}{\Delta k} = -\frac{3t_1}{(1 + 3\Delta k)^2} < 0$，即在厂商技术水平给定的情形下，资产剥离有助于兼并后市场均衡价格的下降。

首先，令兼并获得的技术协同效率为 $\Delta = 0.08$，对应的 t_2 值为 $t_2 = 0.11$，t_1 的取值范围分别为 $t_1 \in [0.04, 0.10]$。

令 $\Delta P = 0$，并将 $\Delta = 0.08$ 代入式 (7.9)，可得将价格恢复到兼并前水平所需的资产剥离量为:

$$\Delta k = \frac{1875t_1 + 157}{16875t_1 - 471} \qquad (7.10)$$

式 (7.10) 两边对 t_1 求一阶导数可得:

$$\frac{\partial \Delta k}{\partial t_1} = \frac{-1875 * 471 - 16875 * 157}{(16875t_1 - 471)^2} < 0 \qquad (7.11)$$

由此得到性质 1。

性质 1: 在技术不同、资产相同的三寡头古诺市场上，若效率相对落后厂商间的横向兼并仅可以获得低技术协同效应，而剥离资产接受方可以获得资产协同效应，且在位竞争对手的技术领先程度不是特别多 ($t_1 \geqslant 3t_3/10$)，选择向在位的竞争对手剥离资产来将价格恢复到兼并前的均衡水平，则最低合意的资产剥离数量随在位竞争对手技术效率的提高而递增。

分别令 $t_1 = 0.04$、$t_1 = 0.05$、$t_1 = 0.06$、$t_1 = 0.07$、$t_1 = 0.08$、$t_1 = 0.09$ 和 $t_1 = 0.1$，并将其代入式 (7.10)，可得最低合意资产剥离量分别为 $\Delta k = 1.14$、$\Delta k = 0.63$、$\Delta k = 0.5$、$\Delta k = 0.41$、$\Delta k = 0.35$、$\Delta k = 0.31$ 和 $\Delta k = 0.28$。而兼并厂商可接受的最大资产剥离量全部接近于或等于零，资产剥离无效。这一点可以从图 7-5 中的利润差曲线中直观

地看出[①]。

其次，放大兼并可获得的技术协同效应，分别令 $\Delta = 0.23$ 和 $\Delta = 0.35$，结果与 $\Delta = 0.8$ 一样。

综上，我们得到推论 2。

推论 2：在技术不同、资产相同的三寡头古诺市场上，如果效率相对落后厂商间的横向兼并只能获得技术协同效应，试图通过向在位的竞争厂商剥离资产来抑制单边效应是不可行的。

（2）向潜在进入者剥离资产。为了恢复市场结构，反垄断当局更偏好于将 $\Delta k(0 < \Delta k < 1/3)$ 的资产剥离给一个有效的潜在进入者 N，以重塑市场竞争。此时，市场的均衡产量和均衡价格分别为 $Q^{ae} = \dfrac{3}{4} - \dfrac{3}{4}(t_1 + t_2) - \dfrac{1}{4}\dfrac{t_N}{\Delta k}$ 和 $P^{ae} = \dfrac{1}{4} + \dfrac{3}{4}(t_1 + t_2) + \dfrac{1}{4}\dfrac{t_N}{\Delta k}$。根据反垄断审查的价格约束条件以及兼并厂商的利润约束条件，我们可以得到命题 1。

命题 1：在厂商技术不同、资产拥有量相同的三寡头古诺市场上，若效率相对落后厂商间的横向兼并仅存在技术协同效应，试图通过向一个潜在进入者剥离资产来抑制单边效应是不可行的。

证明：（1）当潜在进入者的技术水平不高于行业最低水平即 $t_N \geqslant t_3$ 时，资产剥离条件下兼并前后的市场均衡价格差为 $\Delta P = P^{ae} - P^b = \dfrac{1}{4}\dfrac{t_N}{\Delta k} - \dfrac{3t_3}{4}$。要想将兼并后的市场均衡价格维持在不高于兼并前的水平，要求 $\Delta P \leqslant 0$，即 $\Delta k \geqslant 1/3$，这显然是不可能的，因为它超出了兼并厂商所能接受的资产剥离数量。故 $\Delta P > 0$。（2）当潜在进入者的技术水平高于行业最低水平即 $t_N < t_3$ 时，要想将兼并后的市场均衡价格维持在不高于兼并前的水平，需满足 $\Delta k \geqslant \dfrac{t_N}{3t_3}$。此时，兼并实体 d 的联合利润与兼

[①]　由于兼并参与厂商兼并前后的利润差几乎为零，所以其可以接受的资产剥离量也必然趋近于零。

并前两厂商（厂商 2 和厂商 3）利润和的差 $\Delta\pi$ 为：

$$\Delta\pi = \pi_d^{ae} - \pi_2^b - \pi_3^b = \left[\frac{1}{4} + \frac{3}{4}(t_1 + t_2) + \frac{1}{4}\frac{t_N}{\Delta k} - 3t_2\right]^2$$

$$- \left[\frac{1}{4} + \frac{3}{4}\sum_{i=1}^{3} t_i - 3t_2\right]^2 - \left[\frac{1}{4} + \frac{3}{4}\sum_{i=1}^{3} t_i - 3t_3\right]^2$$

$$= \left(\frac{1}{4}\frac{t_N}{\Delta k} - \frac{3t_3}{4}\right)\left[\frac{1}{4} + \frac{3}{4}(t_1 + t_2) + \frac{1}{4}\frac{t_N}{\Delta k} - 3t_2 + \frac{1}{4}\right.$$

$$\left. + \frac{3}{4}\sum_{i=1}^{3} t_i - 3t_2\right] - \left(\frac{1}{4} + \frac{3}{4}\sum_{i=1}^{3} t_i - 3t_3\right)^2$$

$$(7.12)$$

由于 $\Delta k \geqslant \frac{t_N}{3t_3}$，所以式（7.12）右边乘积部分的第一项 $\left(\frac{1}{4}\frac{t_N}{\Delta k} - \frac{3t_3}{4}\right)$ 为负，第二项 $\left(\frac{1}{4} + \frac{3}{4}(t_1 + t_2) + \frac{1}{4}\frac{t_N}{\Delta k} - 3t_2 + \frac{1}{4} + \frac{3}{4}\sum_{i=1}^{3} t_i - 3t_2\right)$ 是两个边际利润的和，非负，故有 $\Delta\pi < 0$，兼并厂商没有兼并动机。由此可见，无论潜在进入者的技术水平如何，如果横向兼并仅可以获得技术协同效应，试图向潜在进入者剥离资产将价格维持在兼并前的市场均衡水平是不可行的。证毕。

综合命题 1 和推论 2，在技术不同、资产相同的三寡头古诺市场上，由于效率相对落后厂商间的横向兼并所能获得的技术协同效应对成本的影响较小，导致兼并厂商的获利空间很小，进而其可承受的资产剥离数量极少，资产剥离措施失效，反垄断当局应直接否决该类兼并申请。

7.4.2 资产协同效应与技术协同效应并存

当兼并厂商可以同时获得技术协同效应与资产协同效应时，兼并后的实体 d 将通过最大化 $\pi_d = (1 - q_1 - q_d)q_d - \frac{3}{2}t_2 q_d$ 来选择产量，此

时，厂商 d 的成本函数为 $C_d = \frac{3}{2} t_2 q_d$，兼并后的市场均衡产量和均衡

价格分别为 $Q^a = \frac{1}{3}\left(2 - 3t_1 - \frac{3}{2}t_2\right)$ 和 $P^a = \frac{1}{3} + t_1 + \frac{1}{2}t_2$。

7.4.2.1 兼并对市场均衡产量和价格的影响

令 $\Delta Q = Q^a - Q^b$，易知当且仅当 $t_3 \geq 1/9 + (t_1 - t_2)/3$ 时，兼并后的均衡产量至少和兼并前一样多，市场均衡价格将维持在兼并前甚至比兼并前更低的水平，兼并不会产生单边效应；若 $t_3 < 1/9 + (t_1 - t_2)/3$，则兼并将导致均衡产量下降，均衡价格上升，消费者利益受损。

7.4.2.2 兼并对兼并厂商和竞争者的影响

兼并厂商和厂商 1 兼并前后的利润差分别为：

$$\Delta \pi_d = \pi_d^a - \pi_2^b - \pi_3^b = \left[\frac{1}{3} + t_1 - t_2\right]^2 - \left[\frac{1}{4} + \frac{3t_1}{4} + \frac{3t_3}{4} - \frac{9t_2}{4}\right]^2$$

$$- \left[\frac{1}{4} + \frac{3t_1}{4} + \frac{3t_2}{4} - \frac{9t_3}{4}\right]^2 \quad (7.13)$$

$$\Delta \pi_1 = \pi_1^a - \pi_1^b = \left[\frac{1}{3} + \frac{1}{2}t_2 - 2t_1\right]^2 - \left[\frac{1}{4} + \frac{3t_2}{4} + \frac{3t_3}{4} - \frac{9t_1}{4}\right]^2 \quad (7.14)$$

考虑 $t_3 \geq 1/9 + (t_1 - t_2)/3$ 和 $t_3 < 1/9 + (t_1 - t_2)/3$ 两种不同情形。

（1）当 $t_3 \geq 1/9 + (t_1 - t_2)/3$ 时，与只有技术协同的理由一样，令 $t_3 = 0.12$，从而 $t_2 \in [0.03, 0.11]$。由于 $t_1 < t_2$，不妨分别令 $t_1 = 0.02$、$t_1 = 0.04$、$t_1 = 0.06$，在相应的 t_2 的值域范围内，由式 (7.13)、式 (7.14) 可以得到图 7-6 所示的图形。

从图 7-6 可以看出，兼并后的实体 d 的利润高于兼并前厂商 2 和厂商 3 的联合利润，因而，厂商 2 和厂商 3 总是具备兼并的动机。值得注意的是，厂商 2 与厂商 3 之间的技术差距越小，兼并的收益反而越高，原因是兼并后实体 d 的产量随着 t_2 值的增加而增加，且来自产量增加的收益大于因价格下降而减少的收益。但在位竞争者厂商 1 的利润却因兼并而减少，但其减少额小于兼并厂商的利润增加额，生产者剩余整体增加。此外，兼并还增加了消费者剩余，进而提高了整个

社会福利水平。

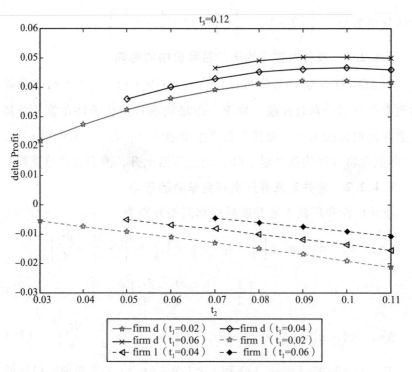

图 7 - 6 $t_3 \geqslant 1/9 + (t_1 - t_2)/3$ 情形下兼并前后的利润差

（2）当 $t_3 < 1/9 + (t_1 - t_2)/3$ 时，不妨令 $t_3 = 0.1$，从而有 $t_2 < 0.03 + t_1$。分别令 $t_1 = 0.02$、$t_1 = 0.04$、$t_1 = 0.06$，相应的 t_2 的值域为 $t_2 \in [0.03, 0.04]$、$t_2 \in [0.05, 0.06]$、$t_2 \in [0.07, 0.08]$，由式（7.13）、式（7.14）可以得到图 7-7 所示的图形。

观察图 7-7 易知，与 $t_3 > 1/9 + (t_1 - t_2)/3$ 时一样，厂商 2 和厂商 3 总是具备兼并的动机，生产者福利和消费者福利水平均明显提高。不同的是，厂商 1 的利润水平高于 $t_3 > 1/9 + (t_1 - t_2)/3$ 的情形，而且均高于兼并前。因而，这种类型的兼并不仅增加了兼并厂商的利润，还使得竞争对手从中获益，增加了生产者剩余。

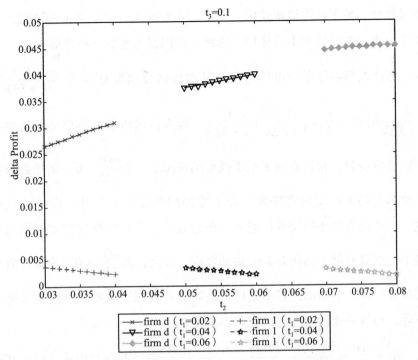

图 7 - 7　$t_3 < 1/9 + (t_1 - t_2)/3$ 情形下兼并前后的利润差

7.4.2.3　剥离资产

由上述分析可知，当且仅当 $t_3 < 1/9 + (t_1 - t_2)/3$ 时，兼并厂商获得的效率改进不够高，导致兼并后的市场均衡产量下降，均衡价格上升，尽管这增加了生产者剩余，但是以消费者的利益受到侵害为代价的。为了保护消费者利益免受侵害，同时使兼并厂商获得效率改善，此时，反垄断当局需要通过资产剥离来有条件地通过兼并申请。仍考虑向在位的竞争对手或潜在进入者剥离资产的两种情形。

（1）向在位的竞争对手剥离资产。由于厂商 1 的技术更先进，不失一般性，假定厂商 1 在接受部分剥离资产后可以获得资产协同效应，因此其具备强烈的接受剥离资产的动机。此时，厂商 1 和兼并后的实体 d 的边际成本分别为 $c_1' = 3t_1$，$c_d' = 3t_2/2$。若 $t_2 < 2t_1$，即兼并实体 d 的成本低于竞争对手厂商 1 时，向竞争对手厂商 1 剥离资产将增加二者间的成

本对称性，易于产生协调效应；反之，若 $t_2 \geq 2t_1$，向厂商 1 剥离资产有助于扩大二者的成本不对称性。因此，我们仅考虑后一种情形。

资产剥离条件下的市场均衡产量和价格分别为 $Q^{ai} = \dfrac{2}{3} - \dfrac{t_1}{1 + 3\Delta k} - \dfrac{t_2}{2 - 3\Delta k}$ 和 $P^{ai} = \dfrac{1}{3} + \dfrac{t_1}{1 + 3\Delta k} + \dfrac{t_2}{2 - 3\Delta k}$。因为古诺市场上的价格变化取决于产量的变化，在厂商技术水平既定的情况下，若 $\dfrac{\partial Q^{ai}}{\partial \Delta k} > 0$，则任意数量严格为正的资产剥离将导致厂商 1 增加的产量多于兼并厂商减少的产量，这不仅有助于抑制横向兼并的单边效应，将价格恢复到兼并前的水平上，而且有助于预防兼并的协调效应；反之，若 $\dfrac{\partial Q^{ai}}{\partial \Delta k} < 0$，则资产剥离将导致厂商 1 增加的产量不足以抵消兼并厂商减少的产量，行业总供给下降，市场均衡价格上涨，资产剥离无效。

由于 $\dfrac{\partial Q^{ai}}{\partial \Delta k} = \dfrac{3\left[t_1(2 - 3\Delta k)^2 - t_2(1 + 3\Delta k)^2 \right]}{(1 + 3\Delta k)^2 (2 - 3\Delta k)^2}$，其分母为正，因此其符号取决于分子部分。令 $f(x) = t_1(2 - 3x)^2 - t_2(1 + 3x)^2$。由 $f'(x \mid 0 < x < 1/3) < 0$、$f(1/3) = t_1 - 4t_2 < 0$、$f(0) = 4t_1 - t_2$ 以及 $t_2 \geq 2t_1$ 可知，当 $t_2/2 \geq t_1 > t_2/4$ 时，$\dfrac{\partial Q^{ai}}{\partial \Delta k}$ 的符号由正逐渐变为负。进一步，由 $f\left(x = \dfrac{2t_1 + t_2 - 3\sqrt{t_1 t_2}}{3(t_1 - t_2)} \right) = 0$ 可知，当 $0 < \Delta k \leq \dfrac{2t_1 + t_2 - 3\sqrt{t_1 t_2}}{3(t_1 - t_2)}$ 时，资产剥离将有助于将价格恢复到兼并前的市场水平，不过，其是否有效还取决于价格约束和兼并厂商的利润约束条件能否得到满足。

根据消费者福利审查标准，有效的资产剥离应使得兼并前后的市场均衡价格差 $\Delta P = P^{ai} - P \leq 0$，即：

$$\frac{1}{12} + \frac{t_1(1 - 9\Delta k)}{4(1 + 3\Delta k)} + \frac{t_2(9\Delta k - 2)}{4(2 - 3\Delta k)} - \frac{3t_3}{4} \leq 0 \tag{7.15}$$

兼并厂商的利润约束条件为 $\Delta \pi = \pi_d^{ai} - \pi_2^b - \pi_3^b \geq 0$，即：

$$\left(\frac{1}{3}+\frac{t_1}{1+3\Delta k}-\frac{2t_2}{2-3\Delta k}\right)^2-\left(\frac{1}{4}+\frac{3t_1}{4}+\frac{3t_3}{4}-\frac{9t_2}{4}\right)^2-\left(\frac{1}{4}+\frac{3t_1}{4}+\frac{3t_2}{4}-\frac{9t_3}{4}\right)^2\geq 0$$

$$(7.16)$$

根据条件 $t_2/2 \geq t_1 > t_2/4$、$t_3 > t_2 > t_1$ 以及 $t_3 < 1/9 + (t_1 - t_2)/3$，先固定 t_3，然后考察厂商 1 的技术水平和兼并厂商获得的技术协同效率（$\Delta = (t_3 - t_2)/t_3$）对最低合意资产剥离数量的影响。

将 $\Delta = (t_3 - t_2)/t_3$ 代入式（7.15）和式（7.16），消掉 t_2，可得到如下表达式：

$$\Delta P = \frac{t_1(1-9\Delta k)}{4(1+3\Delta k)}+\frac{t_3(1-\Delta)(9\Delta k-2)}{4(2-3\Delta k)}+\frac{1-9t_3}{12} \qquad (7.17)$$

$$\Delta \pi = \left(\frac{1}{3}+\frac{t_1}{1+3\Delta k}-\frac{2t_3(1-\Delta)}{2-3\Delta k}\right)^2-\left(\frac{1+3t_1-6t_3}{4}+\frac{9t_3\Delta}{4}\right)^2$$

$$-\left(\frac{1+3t_1-6t_3}{4}-\frac{3t_3\Delta}{4}\right)^2 \qquad (7.18)$$

对式（7.17）两边求关于 t_1 的一阶偏导数，有 $\frac{\partial \Delta P}{\partial t_1}=\frac{1-9\Delta k}{4(1+3\Delta k)}$。在厂商 3 和厂商 2 技术水平给定的前提下，当 $0 < \Delta k < 1/9$ 时，价格差 ΔP 随厂商 1 技术水平的降低即 t_1 值的增大而递增；反之，当 $\Delta k > 1/9$ 时，价格差 ΔP 随 t_1 值的增大而递减。这意味着，厂商 1 的技术水平对最低合意资产剥离数量的影响是非线性的。同理，对式（7.17）两边求关于 Δ 的一阶偏导数，有 $\frac{\partial \Delta P}{\partial \Delta}=\frac{t_3(2-9\Delta k)}{4(2-3\Delta k)}$。在厂商 1、厂商 3 技术水平给定的前提下，当 $0 < \Delta k < 2/9$ 时，价格差 ΔP 随技术协同效应 Δ 的增大而递增；反之，当 $\Delta k > 2/9$ 时，价格差 ΔP 随 Δ 值的增大而递减。这同样说明，技术协同效应 Δ 对最低合意资产剥离数量的影响也是非线性的。

为了获得尽可能大范围的技术协同效应，仍假定 $t_3 = 0.1$，因为这已经是保留小数点后两位数的前提下厂商 3 所能取到的最大值。此时，$t_2 < t_1 + 0.03$。由 $t_2/2 \geq t_1 > t_2/4$ 可知，$t_1 < 0.03$、$t_1 < t_2 \leq 0.04$。分别令 $\Delta = 60\%$、$\Delta = 70\%$、$\Delta = 80\%$，对应的 t_1 的取值分别为 $t_1 = 0.02$、$t_1 =$

0.01、$t_1 = 0.01$。由式（7.17）和式（7.18）可以得到图 7 – 8。

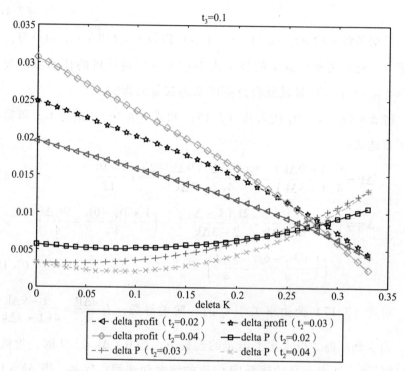

图 7 – 8　ΔP、$\Delta \pi_d$ 随 Δk、t_1 与 Δ 的变化（$t_3 = 0.1$）

从图 7 – 8 不难发现，在厂商 1 和厂商 2 的技术非常接近且远高于厂商 3 的情形下，任何数量的资产剥离都不能够使兼并后的价格恢复到兼并前的水平，资产剥离失效。

由于 $t_3 = 0.1$ 时满足约束条件的 t_1、t_2 值太少，缺少代表性，我们进一步降低 t_3 的值，假定 $t_3 = 0.09$，以得到更多的观测值（为了提高分析的精确度，本部分的取值保留到小数点后 3 位）。首先，分别令 $\Delta = 10\%$、$\Delta = 20\%$、$\Delta = 30\%$、$\Delta = 40\%$、$\Delta = 50\%$、$\Delta = 60\%$；然后，对相应的 t_1 的取中值，分别有 $t_1 = 0.031$、$t_1 = 0.028$、$t_1 = 0.024$、$t_1 = 0.021$、$t_1 = 0.017$、$t_1 = 0.014$。由式（7.17）可以得到图 7 – 9。

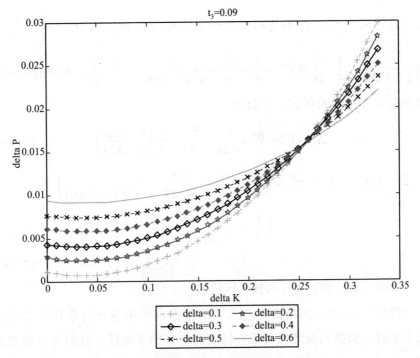

图7-9　ΔP 随 Δk、t_1 与 Δ 的变化（$t_3 = 0.09$）

图7-9显示，无论兼并的技术协同效应 $\Delta = (t_3 - t_2)/t_3$ 有多大，也不管厂商1的技术效率比兼并厂商高多少，向厂商1剥离资产不仅不能使价格回落到兼并前水平，反而在更多的时候会比没有资产剥离时价格更高，资产剥离失效。例如，在 $t_1 = 0.031$、$t_2(\Delta = 10\%) = 0.081$ 时，由条件 $0 < \Delta k \leqslant \dfrac{2t_1 + t_2 - 3\sqrt{t_1 t_2}}{3(t_1 - t_2)}$ 可知，当且仅当 $0 < \Delta k \leqslant 0.047$，资产剥离有助于价格下降，使之低于无资产剥离时的均衡价格，但仍高于兼并前。

继续降低 t_3 的值，上述结论依然成立。由此，得到推论3。

推论3：在厂商技术不同、资产对称三寡头古诺市场上，即便是效率相对落后的厂商间的横向兼并可以同时获得技术协同效应与资产协同效应，向在位者竞争对手剥离来抑制单边效应依然是不可行的。

（2）向潜在进入者剥离资产。将 $\Delta k (0 < \Delta k < 1/3)$ 的资产剥离给

潜在进入者 N 后，市场的均衡产量和均衡价格分别为 $Q^{ae} = \dfrac{3}{4} - \dfrac{3t_1}{4} -$

$\dfrac{3t_2}{4(2-3\Delta k)} - \dfrac{1}{4}\dfrac{t_N}{\Delta k}$ 和 $P^{ae} = \dfrac{1}{4} + \dfrac{3t_1}{4} + \dfrac{3t_2}{4(2-3\Delta k)} + \dfrac{1}{4}\dfrac{t_N}{\Delta k}$，兼并前后的价

格差和兼并厂商的利润差分别为：

$$\Delta P = P^{ae} - P^{b} = \frac{t_N}{4\Delta k} - \frac{3t_3}{4} - \frac{3t_2}{4}\left(\frac{1-3\Delta k}{2-3\Delta k}\right) \tag{7.19}$$

$$\Delta \pi = \pi_d^{ae} - \pi_2^{b} - \pi_3^{b} = \left[\frac{1}{4} + \frac{3t_1}{4} + \frac{1}{4}\frac{t_N}{\Delta k} - \frac{9}{4}\frac{t_2}{(2-3\Delta k)}\right]^2$$
$$- \left[\frac{1}{4} + \frac{3}{4}\sum_{i=1}^{3} t_i - 3t_2\right]^2 - \left[\frac{1}{4} + \frac{3}{4}\sum_{i=1}^{3} t_i - 3t_3\right]^2 \tag{7.20}$$

考虑 $t_N \geqslant t_3$ 和 $t_N < t_3$ 两种不同情形。

情形一：$t_N \geqslant t_3$。当潜在进入者的技术水平不高于行业在位者的最低水平时，根据消费者福利审查标准的价格约束条件，我们可以得到命题 2。

命题 2：在厂商技术不同、资产对称三寡头古诺市场上，当横向兼并的技术协同效应与资产协同效应并存时，试图通过向一个低技术水平（不高于兼并前行业最低技术水平）的潜在进入者剥离资产来抑制单边效应是不可行的。

证明：当潜在进入者的技术水平与厂商 3 一样时，$t_N = t_3$，则兼并前后的市场均衡价格差为 $\Delta P = P^{ae} - P^{b} = \dfrac{t_3}{4}\left(\dfrac{1-3\Delta k}{\Delta k}\right) - \dfrac{3t_2}{4}\left(\dfrac{1-3\Delta k}{2-3\Delta k}\right)$。要保证 $\Delta P \leqslant 0$，即 $\dfrac{t_3}{4}\left(\dfrac{1-3\Delta k}{\Delta k}\right) \leqslant \dfrac{3t_2}{4}\left(\dfrac{1-3\Delta k}{2-3\Delta k}\right)$，在 $0 < \Delta k < 1/3$ 的约束条件下必须满足 $\Delta k \geqslant \dfrac{2t_3}{3(t_2+t_3)}$，所以有 $\dfrac{1}{3} \geqslant \dfrac{2t_3}{3(t_2+t_3)}$，进而可得 $t_2 > t_3$，但这与 $t_3 > t_2 > t_1$ 相矛盾。又因为 $\dfrac{\partial \Delta P}{\partial t_N} = \dfrac{1}{4\Delta k} > 0$，$0 < \Delta k < 1/3$，所以当潜在进入者的技术水平低于厂商 3 时，向潜在进入者剥离资产更不能保证

$\Delta P \leqslant 0$。证毕。

情形二：$t_N < t_3$。当潜在进入者的技术水平高于行业在位者的最低水平时，由于式（7.19）和式（7.20）受 t_3、t_2、t_1、t_N 和 Δk 的共同约束，无法直接得到满足价格和利润双重约束的合意资产剥离条件。根据条件 $t_3 > t_2 > t_1$ 和 $t_3 < 1/9 + 1/3(t_1 - t_2)$，不妨先确定 t_3 和 t_1，然后再来考察满足价格约束和利润约束的资产剥离量 Δk 随潜在进入者技术水平 t_N 和兼并厂商获得的技术协同效应 $\Delta = (t_3 - t_2)/t_3$ 的变化情况。其中，技术协同效应分为低（$\Delta t = 10\%$）、中（$\Delta t = 20\%$）、高（$\Delta t = 40\%$）三种类型；潜在进入者的技术水平又可以分为 $t_2 \leqslant t_N < t_3$ 和 $t_1 \leqslant t_N < t_2$ 两种情形①。

首先，考察 $t_2 \leqslant t_N < t_3$ 的情形。由于 $\dfrac{\partial Q^{ae}}{\partial \Delta k} = \dfrac{t_N(2 - 3\Delta k)^2 - 9t_2\Delta k^2}{4\Delta k^2(2 - 3\Delta k)^2}$ 的符号取决于其分子部分，令 $f(x) = t_N(2 - 3x)^2 - 9t_2x^2$，可得 $f'(x \mid 0 < x < 1/3) < 0$、$f(0) = 4t_N > 0$、$f(1/3) = t_N - t_2 > 0$。故当 $t_2 \leqslant t_N < t_3$ 时，$\dfrac{\partial Q^{ae}}{\partial \Delta k}$ 的符号为恒为正，任意不大于 $1/3$ 的资产剥离都将有助于将价格恢复到兼并前的市场水平。

假定 $t_1 = 0.04$，由条件 $t_3 > t_2 > t_1$、$3t_3 \leqslant 1/3 + t_1 + t_2$ 和 $t_3 < 1/9 + (t_1 - t_2)/3$ 可知 $t_3 < 0.093$，不妨令 $t_3 = 0.093$（为了提高分析的精确度和增加观测值，本部分的取值也保留到小数点后 3 位）。此时，式（7.19）和式（7.20）分别简化为：

$$\Delta P = \frac{t_N}{4\Delta k} - \frac{0.279(1 - \Delta)(1 - 3\Delta k)}{4(2 - 3\Delta k)} - \frac{0.279}{4} \tag{7.21}$$

$$\Delta \pi = \left[\frac{1.12}{4} + \frac{t_N}{4\Delta k} - \frac{0.837(1 - \Delta)}{4(2 - 3\Delta k)}\right]^2 - \left[\frac{0.562}{4} + \frac{0.837\Delta}{4}\right]^2$$
$$- \left[\frac{0.562}{4} - \frac{0.279\Delta}{4}\right]^2 \tag{7.22}$$

---

① 一般很少出现潜在进入者的技术水平领先于行业在位者的最高水平却仍处于行业之外的情形，故本书不考虑此种情形。

对式（7.21）两边求关于 t_N 的一阶偏导数，有 $\frac{\partial \Delta P}{\partial t_N} = \frac{1}{4\Delta k} > 0$，说明价格差随 t_N 值的增大而递增，这隐含着在在位者厂商技术水平给定的前提下，为了将价格降低到兼并前的水平，潜在进入者的技术越落后，需要兼并厂商将越多的资产剥离给它以降低其成本，增强其竞争力。同理，对式（7.21）两边求关于 Δ 的一阶偏导数，有 $\frac{\partial \Delta P}{\partial \Delta} = \frac{0.279(1 - 3\Delta k)}{4(2 - 3\Delta k)} > 0$，说明价格差随 Δ 的增大而递增，这意味着在潜在进入者和厂商1、厂商3技术水平给定的前提下，厂商2的技术越先进，兼并后的实体 d 的产量较之兼并前两厂商的联合产量减少的越多，因而为了将价格降低到兼并前的水平，需要兼并厂商将越多的资产剥离给潜在进入者以降低其成本，增强其竞争力，从而增加产量。

从图7-10和图7-11可以看出，一方面，图中A点随着潜在进入者技术水平的降低即 t_N 的增大而向右移动，表明在给定的技术协同效应前提下，潜在进入者的技术水平越高，将价格恢复到兼并前水平所需的资产剥离数量越小；反之，潜在进入者的技术水平越低，将价格维持在兼并前水平所需要剥离的资产数量就越多。尤其是，当潜在进入者的技术水平接近于厂商3的技术水平时，几乎需要将厂商3的全部资产剥离给潜在进入者才能达到消费者福利审查标准（见图7-11中的A点）。这与我们通过对式（7.21）两边求关于的一阶偏导数的分析是一致的。但另一方面，图中A点总是在B点的右侧，说明当兼并获得技术协同效应较低时，兼并厂商所能承受的资产剥离上限始终小于将价格恢复到兼并前水平所要求的资产剥离数量，例如，当潜在进入者的技术水平为 $t_N = 0.085$ 时，将价格恢复到兼并前水平需要剥离的资产量为0.265，而兼并厂商所能接受的最大资产剥离量仅为0.258，资产剥离措施在这种情形下失效。

当兼并厂商获得的技术协同效应为中类型（$\Delta = 20\%$）时，$t_2 = 0.074$，$0.074 < t_N < 0.093$。分别令 $t_N = 0.075$、$t_N = 0.085$、$t_N = 0.092$。由式（7.21）和式（7.22）我们可以分别得到图7-12和图7-13所示的图形。

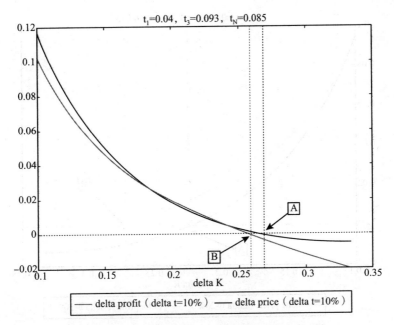

图 7 – 10 ΔP、$\Delta \pi$ 随 t_N、ΔK 的变化（$\Delta = 10\%$）

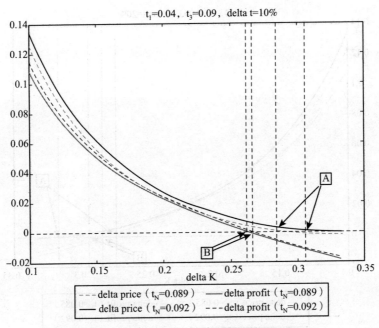

图 7 – 11 ΔP、$\Delta \pi$ 随 t_N、ΔK 的变化（$\Delta = 10\%$）

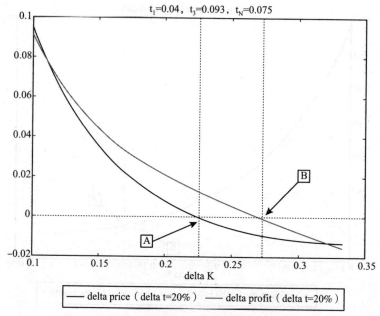

图 7 – 12 ΔP、$\Delta\pi$ 随 t_N、ΔK 的变化（$\Delta = 20\%$）

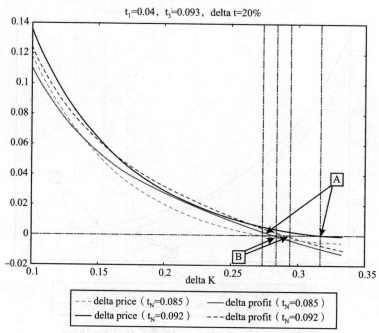

图 7 – 13 ΔP、$\Delta\pi$ 随 t_N、ΔK 的变化（$\Delta = 20\%$）

从图 7 – 12 和图 7 – 13 中可以看出，当兼并的技术协同效应从 10% 提高到 20% 时，如果潜在进入者的技术接近于厂商 3 的水平，则将价格降低到兼并前水平所需剥离的资产数量仍大于兼并厂商所能承受的上限；但随着潜在进入者技术水平的提升，兼并厂商所能接受的资产剥离数量逐渐大于反垄断当局所要求的数量，资产剥离措施从无效逐步变为有效。对比图 7 – 12、图 7 – 13 与图 7 – 10、图 7 – 11，可以进一步发现，在潜在进入者技术水平给定的前提下，随着技术协同效应的提高，将价格恢复到兼并前水平所需的资产剥离数量在递增，这与我们通过对式（7.21）两边求关于 Δ 的一阶偏导数的分析是一致的。例如，当 $t_N = 0.085$ 时，若 $\Delta = 10\%$，符合反垄断当局消费者福利标准的资产剥离数量为 $\Delta k = 0.265$；而在 $\Delta = 20\%$ 时，相应的资产剥离数量则上升为 $\Delta k = 0.271$。

当兼并厂商获得的技术协同效应为高类型（$\Delta = 40\%$）时，$t_2 = 0.056$，$0.056 < t_N < 0.093$。分别令 $t_N = 0.058$、$t_N = 0.075$、$t_N = 0.092$。同样，由式（7.21）和式（7.22）我们可以分别得到图 7 – 14 和图 7 – 15 所示的图形。

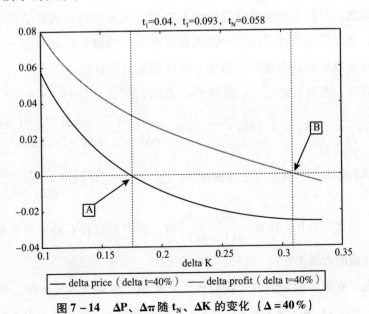

图 7 –14 ΔP、$\Delta \pi$ 随 t_N、ΔK 的变化（$\Delta = 40\%$）

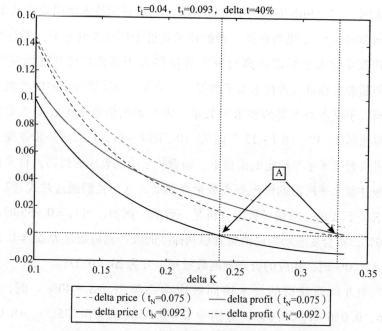

图 7 – 15 ΔP、$\Delta \pi$ 随 t_N、ΔK 的变化（$\Delta = 40\%$）

显然，当技术协同效应提高到 40% 时，无论潜在进入者的技术水平如何，兼并厂商可接受的资产剥离数量都大于消费者福利标准下反垄断当局所要求的最低合意资产数量，资产剥离措施有效。

其次，考察 $t_1 \leqslant t_N < t_2$ 的情形。此时，因为 $f'(x \mid 0 < x < 1/3) < 0$，且 $f(0) = 4t_N > 0$，$f(1/3) = t_N - t_2 < 0$，$\dfrac{\partial Q^{a1}}{\partial \Delta k} = \dfrac{t_N(2 - 3\Delta k)^2 - 9t_2 \Delta k^2}{4\Delta k^2(2 - 3\Delta k)^2}$ 的符号不再始终为正，而是由正逐渐变负。进一步，由 $f\left(x = \dfrac{2\sqrt{t_N t_2} - 2t_N}{3(t_2 - t_N)}\right) = 0$ 可知，当且仅当 $0 < \Delta k \leqslant \dfrac{2\sqrt{t_N t_2} - 2t_N}{3(t_2 - t_N)}$ 时，资产剥离将有助于将价格恢复到兼并前的市场水平。

为了有更多的观测值，我们放大 t_1 的值，并假定 $t_1 = 0.02$。同样由条件 $t_3 > t_2 > t_1$ 和 $t_3 < 1/9 + 1/3(t_1 - t_2)$ 可推知 $t_3 < 0.089$（为了提高分

析的精确度和增加观测值，本部分的取值也保留到小数点后 3 位）。令
$t_3 = 0.088$。此时，式（7.19）和式（7.20）分别简化为：

$$\Delta P = \frac{t_N}{4\Delta k} - \frac{0.264}{4} - \frac{0.264(1-\Delta)(1-3\Delta k)}{4(2-3\Delta k)} \quad (7.23)$$

$$\Delta \pi = \left[\frac{1.06}{4} + \frac{t_N}{4\Delta k} - \frac{0.792(1-\Delta)}{4(2-3\Delta k)}\right]^2 - \left[\frac{0.532}{4} + \frac{0.792\Delta}{4}\right]^2$$

$$- \left[\frac{0.532}{4} - \frac{0.264\Delta}{4}\right]^2 \quad (7.24)$$

当兼并厂商获得的技术协同效应为低类型（$\Delta = 10\%$）时，$t_2 =$
0.079，$0.02 \leqslant t_N < 0.079$。分别令 $t_N = 0.03$、$t_N = 0.07$、$t_N = 0.078$，由
式（7.23）和式（7.24）我们可以分别得到图 7 - 16 和图 7 - 17 所示的
图形。

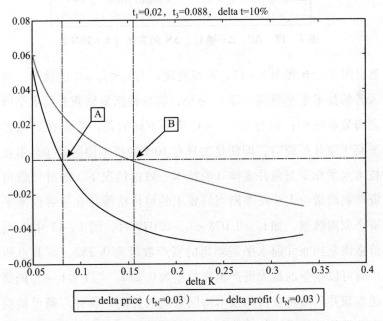

图 7 - 16 　ΔP、$\Delta \pi$ 随 t_N、ΔK 的变化（$\Delta = 10\%$）

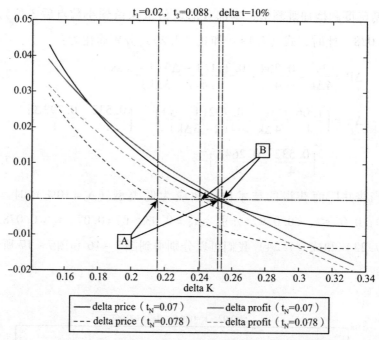

图 7 – 17　ΔP、Δπ 随 t_N、ΔK 的变化（Δ = 10%）

观察图 7 – 16 和图 7 – 17，不难发现，与 $t_2 \leq t_N < t_3$ 的情形一样，潜在进入者的技术水平越高，即 t_N 越小，将价格恢复到兼并前水平所需的资产剥离数量越小；但与 $t_2 \leq t_N < t_3$ 情形不同的是，当潜在进入者的技术水平高于兼并厂商时，即便是在只有 10% 的技术协同效应且潜在进入者的技术水平几乎与兼并实体 d 的技术一致的情况下，兼并厂商可以接受的资产剥离量也大于反垄断当局要求的将价格维持在兼并前水平所需要的资产剥离数量。如 $t_N = 0.078 < t_2 = 0.079$ 时，图 7 – 17 中 A 点所示的将价格恢复到兼并前水平需剥离的资产数量为 0.252，而 B 点所示的兼并厂商可以接受的最大资产剥离数量为 0.254。与 $t_2 \leq t_N < t_3$ 的情形一样，随着兼并厂商可获得的技术协同效应的提高，兼并厂商可接受的资产剥离数量将始终大于将价格维持到兼并前水平所需的数量。这一点可以从图 7 – 18 和图 7 – 19 清晰地看出。这就意味着，通过资产剥离甚至可以使兼并后的价格下降到比兼并前还低的水平。

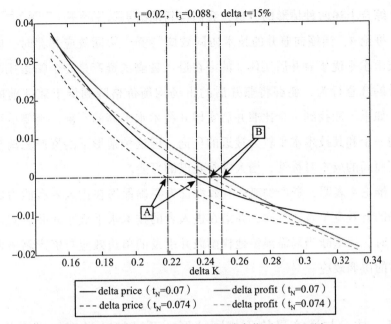

图 7 – 18　ΔP、Δπ 随 t_N、ΔK 的变化（Δ = 15%）

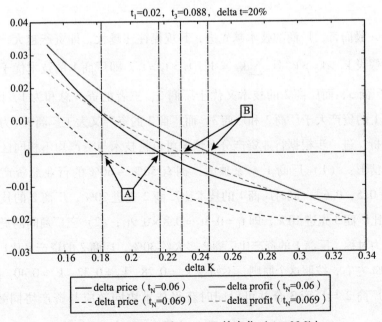

图 7 – 19　ΔP、Δπ 随 t_N、ΔK 的变化（Δ = 20%）

综合上述两种情形的分析，我们得到推论4。

推论4：当横向兼并的技术协同效应与资产协同效应并存时，向一个技术水平优于兼并后实体 d 的潜在进入者剥离资产是一个帕累托改进性质的合意行为，能够将兼并后的市场均衡价格降到低于兼并前的水平；如果不能找到一个比兼并后实体 d 技术水平高的厂商，则要尽可能找到一个和其技术水平较为接近的厂商，但这种情形下的资产剥离会增加厂商间的成本对称性，增大默契合谋的可能。

推论4表明，资产剥离的有效性首先要确保潜在进入者有能力成为市场的有效竞争者，其次，在潜在进入者的技术水平低于兼并后实体的水平时，反垄断当局需谨慎地权衡兼并引发的单边效应与资产剥离可能导致的协调效应。

7.5 技术与资产量均不相同情形：两种特殊类型的模拟分析

一般而言，厂商的技术越先进，其规模往往越大，即资产越大，于是我们假设 $k_1 > k_2 > k_3$ 且 $\sum k_i = 1$、$t_3 > t_2 > t_1$，即厂商1的技术优于厂商2和厂商3，而厂商2的技术又优于厂商3，三者的资产总和为1；同时，厂商1的资产大于厂商2和厂商3，而厂商2的资产又大于厂商3。为了简化分析，进一步根据行业资产分布情况可以将技术与资产均不相同区分为两种情形：（1）厂商1一家独大，拥有 50%～60% 的行业总资产，即 $k_1 \in [0.5, 0.6]$，同时厂商1的技术比厂商2先进20%，厂商2的技术水平又比厂商3先进10%，即 $t_1 = 0.8t_2 = 0.8 \times 0.9t_3$；（2）三厂商间的资产分布较为对称，厂商1的资产比厂商2多大约30%，厂商2的资产又比厂商3多20%左右，按照这个原则，不妨令 $k_3 = 0.28$、$k_2 = 0.32$、$k_1 = 0.40$。

厂商2与厂商3合并可以同时获得技术协同效应与资产协同效应，因而兼并实体 d 的成本函数为 $C_d = \dfrac{t_2}{k_2 + k_3} q_d = \dfrac{t_2}{1 - k_1} q_d$，兼并后的市场均衡产量和均衡价格分别为 $Q^a = \dfrac{2}{3} - \dfrac{1}{3}\left(\dfrac{t_1}{k_1} + \dfrac{t_2}{1 - k_1}\right)$ 和 $P^a = \dfrac{1}{3} +$

$\dfrac{1}{3}\left(\dfrac{t_1}{k_1} + \dfrac{t_2}{1 - k_1}\right)$。

7.5.1 兼并动机及兼并对均衡价格的影响

7.5.1.1 情形一：$t_1 = 0.8t_2 = 0.8 \times 0.9t_3$ 且 $k_1 \in [0.5, 0.6]$

不妨令 $k_3 = 0.18$，由 $k_1 > k_2 > k_3$ 且 $\sum k_i = 1$ 易知，$0.22 \leqslant k_2 = 0.82 - k_1 \leqslant 0.32$。当 $k_1 \in [0.5, 0.6]$ 时，厂商利润非负条件要求 $t_3 < 0.09$，不妨令 $t_3 = 0.08$，则 $t_2 = 0.07$、$t_1 = 0.06$。则兼并前的市场均衡价格为 $P^b = \dfrac{1}{4} + \dfrac{1}{4}\left(\dfrac{0.06}{k_1} + \dfrac{0.07}{0.82 - k_1} + \dfrac{0.08}{0.18}\right)$，兼并前后的价格差 $\Delta P = P^a - P^b$ 和兼并厂商兼并前后的利润差 $\Delta\pi = \pi_d^a - \pi_2^b - \pi_3^b$ 分别如图 7 - 20 和图 7 - 21 所示。

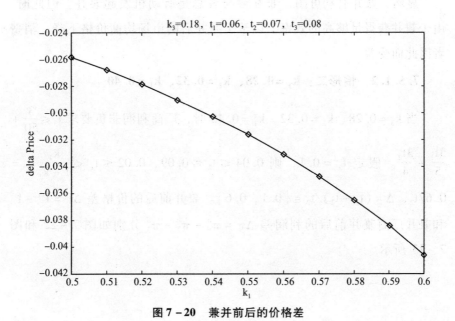

图 7 - 20 兼并前后的价格差

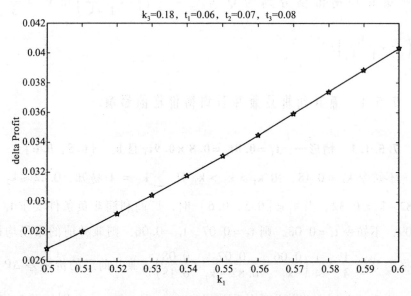

图 7 - 21　兼并厂商兼并前后的利润差

显然，兼并有利可图，兼并参与者总是有动机发起兼并。但此时，由于兼并获得足够高的效率，以至于兼并后的市场均衡价格下降，消费者因此而受益。

7.5.1.2　情形二：$k_3 = 0.28$、$k_2 = 0.32$、$k_1 = 0.40$

当 $k_3 = 0.28$、$k_2 = 0.32$、$k_1 = 0.40$ 时，厂商利润非负要求 $t_3 \leqslant \dfrac{3}{50} + \dfrac{3t_1}{5} + \dfrac{3t_2}{4}$。假定 $t_3 = 0.1$，则 $0.04 \leqslant t_2 \leqslant 0.09$，$0.02 \leqslant t_1 < \dfrac{k_1}{1 - k_1} t_2 = 0.67t_2$，$\Delta = (t_3 - t_2)/t_2 \in [0.1, 0.6]$。兼并前后的价格差 $\Delta P = P^a - P^b$ 和兼并厂商兼并前后的利润差 $\Delta \pi = \pi_d^a - \pi_2^b - \pi_3^b$ 分别如图 7 - 22 和图 7 - 23 所示。

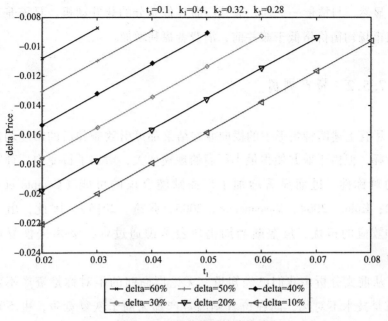

图 7 – 22　兼并前后的价格差

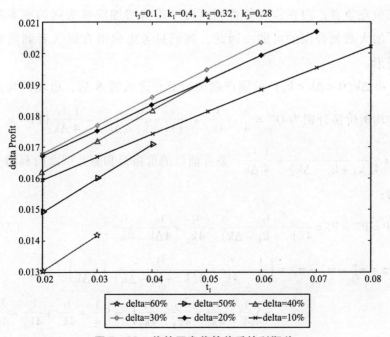

图 7 – 23　兼并厂商兼并前后的利润差

　　显然，与情形一一样，兼并厂商具备充分的兼并动机，且该兼并将导致市场均衡价格低于兼并前，消费者福利增加。

7.5.2　资产剥离

　　尽管上述两种情形下的横向兼并结果都可引致兼并后的市场均衡价格下降，但由于兼并使得最小厂商的规模变大，增加了行业内厂商间成本的对称性，进而显著增加了厂商默契合谋的可能（Compte et al.，2002；Kühn，2004；Vasconcelos，2005；张曦，2015），因此，出于对协调效应的担忧，反垄断当局仍然会考虑通过资产剥离来恢复市场竞争。

　　从前文分析中我们已经知道，无论厂商间的不对称是资产不对称抑或是技术不对称，向在位者剥离资产都无助于恢复竞争，也不可能将价格恢复到兼并前的市场均衡水平。而且，如果兼并实体的成本低于在位竞争者，向在位竞争者剥离资产还将增加双寡头间的成本对称性，增大默契合谋的可能。因此，我们只考虑向潜在进入者剥离资产的情形。

　　将 $\Delta k(0 < \Delta k < k_3)$ 的资产剥离给潜在进入者 N 后，市场的均衡产量和均衡价格分别为 $Q^{ae} = \frac{3}{4} - \frac{t_1}{4k_1} - \frac{t_2}{4(k_2 + k_3 - \Delta k)} - \frac{1}{4}\frac{t_N}{\Delta k}$ 和 $P^{ae} = \frac{1}{4} + \frac{t_1}{4k_1} + \frac{t_2}{4(k_2 + k_3 - \Delta k)} + \frac{1}{4}\frac{t_N}{\Delta k}$。兼并前后的价格差和兼并厂商的利润差分别为：

$$\Delta P = P^{ae} - P^b = \frac{t_2}{4(k_2 + k_3 - \Delta k)} - \frac{t_2}{4k_2} + \frac{t_N}{4\Delta k} - \frac{t_3}{4k_3} \qquad (7.25)$$

$$\Delta \pi = \pi_d^{ae} - \pi_2^b - \pi_3^b = \left[\frac{1}{4} + \frac{t_1}{4k_1} - \frac{3t_2}{4(k_2 + k_3 - \Delta k)} + \frac{t_N}{4\Delta k}\right]^2$$

$$- \left[\frac{1}{4} + \frac{t_1}{4k_1} - \frac{3t_2}{4k_2} + \frac{t_3}{4k_3}\right]^2 - \left[\frac{1}{4} + \frac{t_1}{4k_1} + \frac{t_2}{4k_2} - \frac{3t_3}{4k_3}\right]^2$$

$$(7.26)$$

7.5.2.1 情形一：$t_1 = 0.8$，$t_2 = 0.8 \times 0.9t_3$ 且 $k_1 \in [0.5, 0.6]$

将 $k_3 = 0.18$、$t_3 = 0.08$、$t_2 = 0.07$、$t_1 = 0.06$ 代入式（7.25），有

$$\Delta P = \frac{0.07}{(1 - k_1 - \Delta k)} - \frac{0.07}{(0.82 - k_1)} + \frac{t_N}{\Delta k} - \frac{4}{9} \qquad (7.27)$$

显然，当 ΔP 取零值时，Δk 的取值受 k_1 和 t_N 的共同影响。不妨先令 k_1 取中值 0.55，然后再来考察 t_N 对 Δk 的影响。此时有

$$\Delta P = \frac{0.07}{0.45 - \Delta k} + \frac{t_N}{\Delta k} - \frac{19}{27} \qquad (7.28)$$

由式（7.28）易知，要想将兼并后的价格维持在不高于兼并前的市场均衡水平，当 $t_N \geq t_3$ 时，最低合意资产剥离量大于等于厂商 3 所拥有的资产量，这与 $0 < \Delta k < k_3$ 矛盾，资产剥离无效；当 $t_N < t_3$ 时，最低合意资产剥离量小于厂商 3 所拥有的资产量，满足约束条件 $0 < \Delta k < k_3$，但此时资产剥离措施是否有效还要看最低合意资产剥离量能否满足兼并厂商的利润约束条件。

将 $k_3 = 0.18$、$t_3 = 0.08$、$t_2 = 0.07$、$t_1 = 0.06$、$k_1 = 0.55$ 代入式（7.25），化简后可得：

$$\Delta \pi = \left[0.28 - \frac{0.21}{1.8 - 4\Delta k} + \frac{t_N}{4\Delta k} \right]^2 - 0.19^2 - 0.01^2 \qquad (7.29)$$

当 $t_1 \leq t_N < t_3$ 时，由式（7.28）和式（7.29）可以得到图 7 - 24。

观察图 7 - 24 可知：（1）符合消费者福利标准的最低合意资产剥离数量与兼并厂商的利润均随潜在进入者技术水平的提高而递减；（2）当潜在进入者的技术水平高于行业在位者的最低水平时，将价格维持在兼并前市场均衡水平所需的最低合意资产剥离量总是小于兼并厂商可接受的最大的资产剥离量，即点 A 总是位于点 B 的左边。

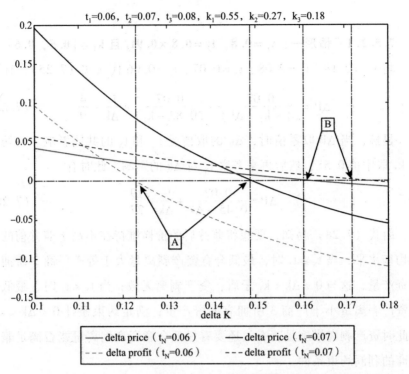

图 7 - 24 厂商 1 一家独大情形下兼并前后的价格差与兼并厂商的利润差

7.5.2.2 情形二：$k_3 = 0.28$、$k_2 = 0.32$、$k_1 = 0.40$

将 $k_3 = 0.28$、$k_2 = 0.32$、$k_1 = 0.40$、$t_3 = 0.1$ 代入式（7.25），有

$$\Delta P = \frac{t_2}{4(0.6 - \Delta k)} - \frac{t_2}{4 \times 0.32} + \frac{t_N}{4\Delta k} - \frac{0.1}{4 \times 0.28} \quad (7.30)$$

显然，当 ΔP 取零值时，Δk 的取值受 t_2 和 t_N 的共同影响。同样，先令 t_2 取中值 0.06，然后再来考察 t_N 对 Δk 的影响。此时有：

$$\Delta P = \frac{0.06}{0.6 - \Delta k} + \frac{t_N}{\Delta k} - \frac{61}{112} \quad (7.31)$$

由式（7.31）同样可推知，当 $t_N \geq t_3$ 时，符合消费者福利标准的最低合意资产剥离量大于等于厂商 3 所拥有的资产量，这与 $0 < \Delta k < k_3$ 矛盾，资产剥离无效；反之，当 $t_N < t_3$ 时，满足消费者福利标准的最低合意资产剥离量小于厂商 3 所拥有的资产量。

由 $0.02 \leqslant t_1 < \dfrac{k_1}{1-k_1} t_2 = 0.67 t_2$ 和 $t_2 = 0.06$ 可知，$0.02 \leqslant t_1 < 0.04$，

不妨令 $t_1 = 0.03$，然后将 $k_3 = 0.28$、$k_2 = 0.32$、$k_1 = 0.40$、$t_3 = 0.1$、

$t_2 = 0.06$ 和 $t_1 = 0.03$ 代入式（7.26），化简后可得：

$$\Delta \pi = \left[0.27 - \frac{0.09}{2(0.6 - \Delta k)} + \frac{t_N}{4\Delta k} \right]^2 - 0.22^2 - 0.05^2 \qquad (7.32)$$

当 $t_1 \leqslant t_N < t_3$ 时，由式（7.31）和式（7.32）可以得到图 7-25。

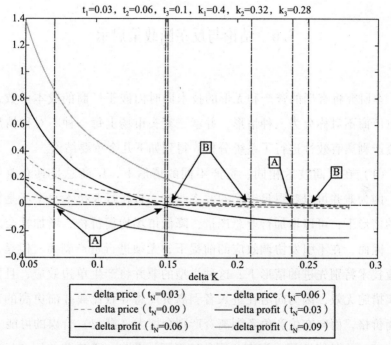

图 7-25 三厂商较为对称情形下兼并前后的价格差与兼并厂商的利润差

观察图 7-25 不难发现，最低合意资产剥离量以及兼并厂商的利润
与潜在进入者的技术水平的关系、符合消费者福利标准的最低合意资产
剥离量与兼并厂商可接受的最大资产剥离量之间的关系均与图 7-24 所
揭示的一致。

综上，我们得到推论5。

推论5：在厂商的技术和资产均不对称的市场上，效率相对落后厂商间的横向兼并虽可以提升效率，但同时也增大了默契合谋的可能。为了抑制横向兼并可能引发的协调效应，试图向一个技术落后的潜在进入者剥离资产来抑制横向兼并所引发的协调效应并将价格维持在兼并前的均衡水平上是不可行的；当且仅当潜在进入者的技术水平高于行业在位者最低水平时，资产剥离措施才能实现反垄断当局的预期目标。

7.6　结论与反垄断政策启示

本研究将有形的资产和无形的技术同时内嵌于厂商的成本函数，从而将厂商不对称分为三种情形，并就三寡头市场上每一种不对称情形下的资产剥离有效性进行了系统分析，得到如下几个重要结论。

（1）在厂商技术相同、资产不同的情形下，厂商总是具有兼并动机，因为兼并可以获得足够大的效率改进，且在行业技术水平不是特别高的情形下，可以增加行业总产量，降低市场均衡价格，增加社会总福利。因而，在不引发协调效应的前提下，无须进行资产剥离。但是，在行业技术特别先进的情形下，这种类型的兼并将产生单边效应，且资产剥离措施无效，因为向潜在进入者剥离资产将导致比兼并前更高的市场均衡价格，而向在位竞争者剥离资产则会增大（默契）合谋的可能。

（2）在技术不同、资产相同的情形下，首先，无论兼并厂商是否可以同时获得资产协同效应与技术协同效应，向在位的竞争厂商剥离资产均不可能消除横向兼并所产生的单边效应；其次，若横向兼并仅存在技术协同效应，向潜在进入者剥离资产不能将价格恢复到兼并前的市场均衡水平；最后，当横向兼并的技术协同效应与资产协同效应并存时，试图通过向一个技术水平不高于行业最低技术水平的潜在进入者剥离资产来消除单边效应是不可行的；最后，当横向兼并的技术协同效应与资产协同效应并存时，向一个技术水平优于兼并后实体 d 的潜在进入者剥离资产是一个帕累托改进性质的合意行为，能够有效消除兼并所产生的单边效应；如果找不到一个比兼并后实体 d 技术水平高的厂商，则要尽可能找到一个和其技术水平较为接近的厂商，但这种情形下的资产剥离会增加厂商间的成本对称性，增大默契合谋的可能。

（3）在厂商的技术和资产均不对称的市场上，效率相对落后厂商间的横向兼并虽然可以提升效率，但同时也增大了默契合谋的可能。此时，只能通过向潜在进入者剥离资产来消除横向兼并可能引发的协调效应，实现保护消费者利益的目的。在这种情形下，资产剥离的有效性取决于潜在进入者的技术水平。当且仅当潜在进入者的技术水平高于行业在位者最低水平时，该补救措施才是有效的，而且潜在进入者的技术水平越高，符合消费者福利标准的最低合意资产剥离数量越小，二者成反比关系。

上述结论表明，在不对称情形下，向在位竞争对手资产剥离是无效的，而向潜在进入者剥离资产是否有效关键在于能否找到一个技术较为先进、从而有能力且有意愿成为相关市场上活跃的、有竞争实力的潜在进入者。可见，反垄断当局青睐向潜在进入者剥离资产是有道理的。但考虑到寻找和提供资产受让方是兼并厂商的责任，而在一般情况下，兼并厂商并没有为自己塑造一个强有力竞争对手的动机，这就提醒反垄断当局在运用资产剥离措施时要格外谨慎。一方面，要设计好一套有效的信息审查、甄别机制，使之能够将好的买家（即有意成为强有力竞争对手的潜在资产受让人）识别出来；另一方面，要将兼并方的关键设施和/或专利技术纳入被剥离资产范畴，避免兼并方通过资产剥离限制资产受让方的竞争能力。具体而言，应注意以下几个问题：

第一，能否寻找到合适的受让人。美国联邦贸易委员会和欧盟委员会的研究均指出，能否找到合适的受让人是资产剥离措施成功与否的关键。兼并者可以将资产剥离给潜在进入者，也可以将其出售给现有的竞争者。从理论上讲，要想通过资产剥离达到将竞争恢复到兼并前水平的这一目的，最优的选择是找到一个有能力成为活跃竞争者的潜在进入者，最好是相对于所有在位者技术更先进、效率更高的潜在进入者，这不仅将有助于恢复市场结构，还有助于强化竞争。但仅有先进的技术还远远不足以成为一个合适的资产受让人，该潜在进入者还应该具有购买"为一个经营实体能成为市场上有生存能力的竞争者所必需的全部经营要素，如有形资产（如研发、生产、分销、销售和营销）和无形资产（知识产权和商誉），雇佣、采购和销售协议（以保证它们的可流动性），客户，第三方服务协议，技术援助（范围、期限、成本和质量）等①"的能力。事实证明这是非常困难的。即便潜在进入者是高效率的，如果它此前没有在相关行业运营过，往往对该行业的了解不够透彻，从而有可能在并没有掌握哪些是要想成为该行业有实力的竞争者所必需的关键资产的情况下，买到很多没有实质意义的资产，从而难以成为市场上的有效竞争者。近些年，美国联邦贸易委员会关于横向兼并案补救措施事后调查的报告证实了不少失败案例都是源于资产剥离者与受让者之间的这种显著的信息不对称。

如果兼并者声称或确实找不到合适的潜在进入者，反垄断当局能否从兼并者所提供的现有竞争者名单当中筛选出合格的资产接受者，并确保其不会与剥离者进行合谋就变得至关重要。当资产接受者仅可以从现有的竞争对手中选择时，兼并者显然有动机选择愿意与其合谋（不论是公开的还是隐蔽的）的竞争者，至少希望资产接受者不会是有意与其进行激烈竞争的厂商。由于有意采取进攻型竞争策略的厂商的预期利润会低于温和竞争或合谋厂商的预期利润，在采用拍卖方式出售时，前者往往在竞拍时出价低于后者，这就带来潜在的合谋的风险。

由于信息不对称和成本的原因，寻找和提供剥离资产受让人的工作是兼并方的责任，反垄断当局仅仅负责对受让人的资质进行审查，如果达到其要求就同意，否则就拒绝。这就需要反垄断当局设计出一套有效

---

① 引自 Commission Notice on Remedies。

的审查机制①，仔细考察受让人的资质和意图②，谨慎地将好的买家（即有意成为强有力竞争对手的厂商）识别出来并帮助其获得被剥离资产。一般而言，反垄断当局在审查潜在受让人是否是合适的受让人时应该至少遵循以下几条原则：

一是受让人接受兼并者的被剥离资产后不会引发新的竞争问题。反垄断当局之所以要求兼并者进行资产剥离主要是担心横向兼并会加强兼并者已经拥有的市场优势地位，形成单边效应，但如果出于这个考虑而将资产或业务剥离给同一市场上的另一家强大的竞争者就可能是不合适的。另一方面，如果有证据显示横向兼并会增加相关市场上竞争者之间共谋的可能性，那么将资产或业务剥离给该市场中现有企业中的一个也会引发竞争问题。在这种情形下，可行的做法是仅批准来自该市场外的其他厂商作为合适的受让人。

二是潜在的受让人必须要有使用剥离资产在相关市场上进行竞争的意图。兼并者为了避免出现强有力的竞争对手，总是有很强的动机将剥离资产或业务出售给实力弱小的受让人，尤其在不是通过拍卖方式出售剥离资产的情况下，兼并者很可能人为地压低剥离资产的价格以吸引足够弱小的厂商成为受让人。由于受让人关注的仅仅是盈利，即使它无法利用这些剥离资产在相关市场上进行竞争，它也可能将其重新出售或用于别的用途，这样的结果显然与反垄断当局要求兼并方剥离资产的初衷背道而驰，无助于竞争问题的解决。因此，反垄断当局必须审慎地确定潜在的受让人是否具有在相关市场上进行竞争的真实意图，这就需要反垄断当局详细评估受让人的商业计划以及为进入相关市场所做的各种努力。此外，当兼并方以直接出售方式剥离资产或业务时，出售价格也可

---

① Rey（2000），Gonzalez（2003），Fridolfsson 和 Stennek（2005），Barros 等（2007），Gonzalez, A.（2007）等先后研究了信息不对称条件下审查机制。

② 合适的受让人应该是出于战略意图的有意成为强有力竞争者的买家，而非一个仅仅出于财务收益考虑的有购买能力的金融买家，即便金融买家有可行的专业管理团队，它也不大会有动力将被剥离业务发展成为一个有效的竞争者，因此，本研究不考虑这种情况。

以成为反垄断当局认定潜在受让人真实受让意图的有效参考指标。

三是潜在的受让人应具备成为相关市场中活跃的持久竞争者的能力。这就要求受让人具有上文所提到的"为一个经营实体能成为市场上有生存能力的竞争者所必需的全部经营要素"。大量横向兼并的案例表明，成功的资产剥离通常源于受让人是那些对所购入资产或业务最熟悉的厂商，而失败的资产剥离则往往归因于受让人：（1）缺乏相关行业的运营经验，（2）以过高的价格购入兼并者的被剥离资产或业务后，不能有效运营，（3）缺乏相应的技术能力，从而在接受资产或业务后还要依赖于资产剥离方的技术支持或援助。一般而言，在找不到拥有先进技术的潜在进入者时，相关市场中比较边缘的竞争者、计划拓展地域市场的厂商以及供应商或经销商都可能是比较好的备选受让人。

四是受让人必须独立于资产剥离方，且与剥离方不存在任何关联。这是确保资产剥离不至于引发合谋问题的关键。如果受让人与资产剥离方或兼并者之间存在关联，就无法保证受让人会成为一个有活力的竞争者而非一个合谋者。

第二，如何确定被剥离资产。反垄断当局要求兼并方剥离资产的主要目的是恢复市场竞争，防止因兼并而引发竞争问题，这就提出了一个问题：如何合理地确定兼并者的被剥离资产，使剥离资产的受让人拥有足够的资源和意愿在获得这些剥离资产后能及时、持续地参与相关市场的竞争。进一步讲，兼并方剥离资产的质量和数量必须包括足以使受让人成为一个有效的、持续的竞争者所需要的所有关键资产或业务，以达到恢复市场有效竞争的目的，而不是无助于恢复竞争并可能被受让人清理或重新处置的业务①。事实上，除非受让人可以凭借其获得的剥离资

---

① 在美国和欧盟的剥离实践中，最常见的问题是剥离资产包的范围过窄。为避免因资产剥离而出现有实力的竞争者，剥离方通常会仅仅提供一个范围狭窄的剥离资产包，这个剥离资产包往往缺少使受让人成为相关市场上活跃竞争者所必需的关键资产。更糟糕的情况是，在欧盟的个别案例中还出现兼并者剥离的主要资产与恢复相关市场有效竞争所需资产不相关的情况，此外，剥离方还利用资产剥离的机会将一些不良资产塞进了剥离资产包，最后，不仅没有实现恢复市场竞争的目的，反而进一步增强了兼并者的市场势力，形成了明显的单边效应。

产直接成为相关市场的有效竞争者，否则，受让人就有将受让的剥离资产再出售或投入其他市场或用途使用的动机，而这种结果显然是反垄断当局所不愿意看到的，因此，兼并者剥离的资产应足以使受让人有能力和意愿将该资产投入到相关市场并成为一个有效的竞争者。而兼并者总是具有强烈的动机来确保其被剥离资产的受让者没有能力成为其强大的竞争对手，因而，兼并者总是会努力地通过转让某些品牌、专利或业务、转移有用的员工和消极甚至是不对生产设备进行正常的维修等途径来降低剥离资产的价值。由于信息的显著不对称，反垄断当局如何能确保兼并者不从事有可能减少资产价值或阻挠资产出售的活动？如何确定被剥离资产中包含使潜在进入者能够成为有实力的竞争者所必需的关键资产？是整体剥离某个运营实体还是部分剥离？尤其当技术是成功的关键时，是否需要对知识产权等这种"软资产"进行某种形式的剥离以确保潜在进入者可以有效地进入？当市场在位竞争者为唯一可行的资产接受者时，该竞争者可能仅愿意接受某些能与其现有业务进行整合的特定资产，而这种"混合—匹配"剥离方法又有可能造成经营实体的生存能力和效率方面的风险。美国联邦储备贸易委员会进行的资产剥离研究显示，在完整剥离正常运营实体的情况下，成功进入的可能性就要大得多；而在有选择地剥离资产的情况下，进入所遇到的问题明显增多。

　　第三，在资产剥离者与受让者之间必须要保持某种特定关系时，如何避免资产剥离措施的失效。在一些横向兼并案中，资产受让者要想在接受资产或业务后有效运营，必须接入剥离方的基础设施或从剥离者那里获得技术援助或某种必要的投入品，这就要求兼并者在资产剥离的同时提供无歧视性的设施接入或技术许可等协议安排。美国联邦贸易委员会的调查结果显示，在 19 件存在这种关系的被调查合并案中，有 13 件案例证实资产剥离措施失效，结果是资产的受让者无法有效运营或与资产剥离者进行合谋，与反垄断当局希冀恢复竞争的目标背道而驰。

　　总之，反垄断当局在选择资产剥离措施时应该审慎评估。一方面，反垄断当局应该尽力确保让有能力成为活跃竞争者的潜在进入者受让剥离资产或业务，倘若不能，则退而求其次，在现有的竞争者中筛选出一家合适的厂商成为受让人，克服横向兼并所可能导致的单边效应问题；另一方面，反垄断当局还应该审慎评估资产剥离所导致的合谋的风险。尤其是当资产接受者是现有的在位者厂商时，更应该予以重视。如果资产剥离将导致合谋，反垄断当局应该直接驳回兼并申请。只有既能克服单边效应，又不会导致合谋效应的以资产剥离为条件的横向兼并案才应该获得批准。

7.7　本章小结

鉴于现有文献不能清晰地揭示成本不对称条件下资产剥离的有效性，本研究将资产和技术内嵌于成本函数，利用 MATLAB 对三寡头市场上每一种不对称情形下的资产剥离的有效性进行了模拟分析，最终发现在成本不对称条件下，向在位竞争对手剥离资产无助于竞争的恢复和消费者的保护，只有向潜在进入者资产剥离才可能起到反垄断当局保护消费者福利和竞争秩序的作用，但这是有条件约束的，依赖于兼并厂商所获得的效率改进类型与潜在进入者的技术水平。这就提醒反垄断当局应审慎地运用资产剥离措施。

第 *8* 章

结　　论

横向兼并一方面因其对现有市场结构的破坏，减少了竞争厂商数量和降低了厂商间彼此协调相互行为和观察对方行为的难度而易于形成合谋；另一方面易于形成兼并厂商的单边竞争优势并运用这种优势从事反竞争行为，前者被称之为横向兼并的协调效应，后者则被冠之以横向兼并的单边效应。为了维护市场竞争格局，保护市场竞争秩序，避免厂商运用其市场势力从事反竞争行为，从而对消费者福利造成损害，竞争当局或反垄断当局历来高度重视大厂商间横向兼并可能产生的协调效应和单边效应。但有关横向兼并的协调效应以及横向兼并控制中的证据标准选择、结构性补救措施的有效性等问题，在理论上仍有不少地方有待于进一步深入研究。本研究利用博弈论和仿真模拟技术就上述问题进行了理论分析与数据模拟，得到以下主要结论：

（1）与单边市场上的并购理论不同，在双边市场上，成本节约对价格的影响不是单调的，并依赖于交叉网络外部性。这是本研究的第一个创新点。具体而言，如果兼并厂商不能获得成本的节约，在单边市场中，兼并后的市场均衡价格必然上涨，但在双边市场，由于足够强的网络外部性，消费者可能依然从中受益；当两个并购厂商间的距离较小时，如果交叉网络外部性较弱，厂商效率的提高有可能足以大于兼并后消费者福利的下降，也有可能会导致社会总福利水平下降。这在一定程度上证实了 Evans 和 Schmalensee（2007）的观点：当市场的双边性足够低时，传统的兼并分析仍然适用。这就提示反垄断当局，对双边市场横向兼并的单边效应的分析一定要慎重，不能简单地运用传统的针对单边市场上横向兼并的单边效应分析方法，而是要充分考虑兼并案例所在市场的具体特性，审慎地选择相对合理的分析工具，谨慎判断横向兼并可能产生的效率改进与网络外部性的强弱，并基于此做出最终选择：首先，如果一起横向兼并不仅可以使消费者受益，还能增加社会整体福利，则应该无条件予以批准；其次，如果一起横向兼并不能够增加消费者福利，则需要反垄断当局在生产厂商盈利增加与消费者福利下降之间进行权衡，考虑是无条件批准还是有条件批准。值得指出的是，如果横向兼并显著改变市场结构，反垄断当局应当认真考虑是否有别的途径来获得效率的改进。如果只能通过横向兼并才能获得效率改进，则应审慎地判断市场进入条件及潜在进入者进入的可能性，审慎地判断兼并的效率与可能引发的竞争问题，如合谋问题。必要的情况下，可以采取资产剥离等补救措施来消除横向兼并的反竞争效应，恢复市场竞争。

（2）在成本不对称市场上，在不影响行业内最大规模厂商和最小规模厂商各自地位的情形下，中等规模厂商间的横向兼并有利于部分默契合谋的形成和维持。这一结论虽然与现有的基于全行业默契合谋的协调效应的文献研究结论不一致，但却验证了标准合谋理论关于对称性有助于合谋的观点。这也是本研究的第二个创新点。具体而言，在厂商成本不对称、不允许单边支付和简单的两阶段最优惩罚策略的条件下，一项可以增进行业内大厂商间资产规模/成本对称性却又对最大厂商和最小厂商的地位不构成影响的中间厂商间的横向兼并，尽管其可显著改进兼并厂商的效率，增加生产者剩余，但它将引发部分合谋并产生显著的单边效应。不过，最小厂商的规模越大或成本越低，部分合谋的价格上涨效应与消费者福利下降效应都将在一定程度上得到抑制或减弱。这在一定程度上证实了标准合谋理论关于对称性对合谋的有利影响，表明反垄断当局对于横向兼并协调效应的担忧是不无道理的，但这一结论与基于全体合谋的理论是不一致的。二者的区别在于：在全体合谋的条件下，最小厂商的规模越大，其背离合谋的动机越小，合谋越易于形成和维持，因此价格上涨效应和消费者福利下降效应会更大；但在部分合谋市场上，最小厂商的规模越大，其与合谋集团的竞争力就越强，对部分合谋集团的约束就越强，从合谋集团窃取的产量就将越高，从而可以在一定程度上减轻价格上涨的幅度，缓减部分合谋对消费者福利的损害效应。这一研究结论表明，横向兼并的协调效应可能既没有像欧美反垄断当局想象得那么大，也没有像针对全体合谋的协调文献所揭示的那么小，毕竟全行业范围的合谋是法律所明文禁止的，而且在现实中也难以形成和维持，更有可能出现的是部分合谋的情形。因此，反垄断当局在对横向兼并的协调效应进行分析和判断时，需要谨慎从事，充分考虑兼并前后的市场结构的性质，切不可简单地根据标准合谋理论或针对全体合谋的协调效应理论来做出判断。

（3）在私人执法的情形下，有效抑制反垄断审查中的寻租问题需要反垄断当局选择一个不是特别高的反垄断审查证据标准或信息披露标准，且应实行相对简单的证据标准。这是本研究的第三个创新点。人们通常认为，在消费者福利标准和合理推定原则下，反垄断当局采纳的证据标准越高越好。然而，本研究表明，在信息不对称、兼并的效率改进效应难以验证、反垄断审查官员存在客观犯错的可能并具有较大的自由裁量权等情形下，反垄断当局采纳的证据标准并非越高越好，一个适中的证据标准需要权衡其对反垄断审查官员客观犯错的影响和其受贿后被查实的可能性的影响。高证据标准虽然可以在很大程度上避免反垄断审查官员犯错，但同时也显著增加了消费者举证的难度，进而增加了效率不达标的兼并厂商的反竞争行为逃脱法律制裁的可能，而这种预期将增加兼并厂商与反垄断审查官员合谋的可能，因为反垄断审查官员在这种情形下被查实受贿的可能性大大降低。可见，高的证据标准将使得本不该通过审查的兼并申请得以放行的概率大幅上升，消费者福利将因此而受到侵蚀。这提示反垄断当局，在对横向兼并中的反垄断审查证据标准或信息披露标准进行制度设计时，应在确保其能够有效识别兼并的效率改进程度的基础上，尽可能地简化而非复杂化证据标准，实行相对简单的证据标准，以有效发挥私人执法的矫正作用，降低兼并厂商与反垄断审查官员之间合谋的可能。

（4）在成本不对称情形下，向在位竞争者剥离资产是无效的，而向潜在进入者剥离资产，其有效性主要取决于两个方面：兼并所获得的效率改进程度与潜在进入者的技术水平。第一，在厂商技术相同、资产不同的情形下，如果行业技术水平不是特别高，横向兼并总是可以增加行业总产量，降低市场均衡价格，增加社会总福利。因而，在不引发协调效应的前提下，无须进行资产剥离。但是，在行业技术特别先进的情形下，这种类型的兼并将产生单边效应，且无论是向在位者还是向潜在进入者剥离资产，均是无效的。第二，在技术不同、资产相同的情形下，向在位的竞争厂商剥离资产均不可能消除横向兼并所产生的单边效应，但向潜在进入者剥离资产，其有效性受兼并可能获得的效率类型以及潜在进入者的技术水平的影响。具体而言，若横向兼并仅存在技术协同效应，向潜在进入者剥离资产不能将价格恢复到兼并前的市场均衡水平；当横向兼并的技术协同效应与资产协同效应并存时，试图通过向一个技术水平不高于行业最低技术水平的潜在进入者剥离资产来消除单边效应是不可行的；当横向兼并的技术协同效应与资产协同效应并存时，向一个技术水平优于兼并后实体 d 的潜在进入者剥离资产是一个帕累托改进性质的合意行为，能够有效消除兼并所产生的单边效应；如果找不到一个比兼并后实体 d 技术水平高的厂商，则要尽可能找到一个和其技术水平较为接近的厂商，但这种情形下的资产剥离会增加厂商间的成本对称性，增大默契合谋的可能。第三，在厂商的技术和资产均不对称的情形下，效率相对落后厂商间的横向兼并虽然可以提升效率，但同时也增大了默契合谋的可能。此时，只能通过向潜在进入者剥离资产来消除横向兼并可能引发的协调效应，实现保护消费者利益的目的。在这种情形下，资产剥离的有效性取决于潜在进入者的技术水平。当且仅当潜在进入者的技术水平高于行业在位者最低水平时，该补救措施才是有效的，而且潜在进入者的技术水平越高，符合消费者福利标准的最低合意资产剥离数量越小，二者成反比关系。

　　以上结论均是通过理论建模和数值模拟得到的，是否能够很好地解释现实经济生活中发生的横向兼并案例，尚不得而知，需要通过真实案例予以验证。因此，后续研究将进一步搜集材料，通过对中外一些重大的、有影响的横向兼并案例的实证分析，来对上述理论的正确性进行检验。

参 考 文 献

［1］ Abreu, D. Extremal Equilibria of Oligopolistic Supergames ［J］. *Journal of Economic Theory*, 1986, 39: 191 –225.

［2］ Adilov, N., Alexander, P. J. Horizontal Merger: Pivotal Buyers and Bargaining Power ［J］. Economics Letters, 2006, 91: 307 – 311.

［3］ Aldo Gonzalez. Divestitures and the Screening of Efficiency Gains in Merger Control ［R］. Available at http: //econ. uchile. cl/public/Archivos/ pub/7c74cdc3 – 9cf9 – 4166 – bd9f – 72fc09f7dfe0. pdf, 2007.

［4］ Andreea Cosnita – langlais and Jean – Philippe Tropeano. Institutional Design and Antitrust Evidentiary Standards. http: //economix. fr/pdf/ dt/2015/WP_EcoX_2015 – 03. pdf.

［5］ Armstrong, M. Competition in two-sided markets ［J］. RAND Journal of Economics, 2006, 37 (3): 668 – 691.

［6］ Arrow, K. J. The Rate and Direction of Inventive Activity ［M］. New York: Princeton University Press, 1962.

［7］ Baker, J. B. Mavericks, Mergers, and Exclusion: Proving Coordinated Competitive Effects under the Antitrust Laws ［J］. New York University Law Review, 2002, 77: 135 – 203.

［8］ Baker, J. B. Market definition: An analytical overview ［J］. Antitrust Law Journal, 2007, 74 (1): 129 – 173.

［9］ Baumol, W. J., Panzar, J. C. and Willing, R. D. Contestable

Markets and the Theory of Industry Structure [M]. New York: Harcourt Brace Jovanovich, 1982.

[10] Bian, L. , McFetridge, D. G. The Efficiencies Defence in Merger Cases: Implications of Alternative Standards [J]. The Canadian Journal of Economics, 2000, 3 (2): 297 – 318.

[11] Bougette P. Asset Divestitures and Horizontal Mergers: An N-Firm Cournot Story [R]. Available at http: //congres. afse. fr/docs/Bougette 08. pdf, 2008.

[12] Brannman, L. , Froeb, L. M. Mergers, Cartels, Set-Asides, and Bidding Preferences in Asymmetric Oral Auctions [J]. The Review of Economics and Statistics, 2000, 82 (2): 283 – 290.

[13] Cabral, L. Horizontal Mergers with Free-entry: Why Cost Efficiencies May be a Weak Defense and Asset Sales a Poor Remedy [J]. International Journal of Industrial Organization, 2003, 21 (5): .607 – 623.

[14] Carlton, D. W. Does Antitrust Need to be Modernized? [J]. Journal of Economic Perspectives, 2007, 21 (3): 155 – 176.

[15] Chandra A. , A. Collard-Wexler. Mergers in Two-Sided Markets: An Application to the Canadian Newspaper Industry [J]. Journal of Economics & Management Strategy, 2009, 18 (4): 1045 – 1070.

[16] Chang, Myong – Hun, Harrington, Joseph E. The Effects of Irreversible Investment in Durable Capacity on the Incentive for Horizontal Merger [J]. Southern Economic Journal, 1988 (55).

[17] Coleman, M. , D. T. Scheffman. Quantitative Analyses of Potential Competitivce Effects from a Merger [J]. George Mason Law Review, 2003, 12 (2): 319 – 370.

[18] Compte, O. , Jenny, F. , Rey, P. Capacity Constraints, Mergers and Collusion [J]. European Economic Review, 2002, 46 (1): 1 – 29.

[19] Cosnita, A., Tropeano, J. P. Negotiating Remedies: Revealing the Merger Efficiency Gains [J]. International Journal of Industrial Organization, 2009, 27 (2): 188 - 196.

[20] Creane, A., Davidson, C. Multidivisional Firms, Internal Competition, and the Merger Paradox [J]. The Canadian Journal of Economics/Revue canadienne d'Economique, 2004, 37 (4): 951 - 977.

[21] Dalkir, S., Logan, J. W., Masson, R. T. Mergers in Symmetric and Asymmetric Noncooperative Auction Markets: The Effects on Prices and Efficiency [J]. International Journal of Industrial Organization, 2000 (18).

[22] Davidson, C. and Deneckere, R. Horizontal Mergers and Collusive Behavior [J]. International Journal of Industrial Organization, 1984, 2 (2): 117 - 132.

[23] Davidson, C., Mukherjee, A. Horizontal Mergers with Free Entry [J]. International Journal of Industrial Organization, 2007 (25).

[24] Demestz, H. Information and Efficiency: Another Viewpoint [J]. Journal of law and economics, 1969, 12 (1): 1 - 12.

[25] Deneckere, R., Davidson, C. Incentives to Form Coalitions with Bertrand Competition [J]. The RAND Journal of Economics, 1985 (16).

[26] Dick, A. When Are Cartels Stable Contracts [J]. Journal of Law and Economics, 1996, 39: 241 - 283.

[27] Dick, A. 2002. Coordinated Interaction: Pre-merger Constraints and Post-merger Effects. Mimeo. US Department of Justice. Available at hhttp://www. crai. com/Agenda/Dick. pdfi.

[28] Elzinga, K. G., Hogarty, T. F. The Problem of Geographic Market Definition in Anti-merger Suits [J]. Antitrust Bulletin, 1973 (18).

[29] Evans, D. S., M. D. Noel, Defining Markets That Involve Multi-Sided Platform Businesses: An Empirical Framework With an Application to

Google's Purchase of Double Click [J]. Ssrn Electronic Journal, 2007 (551).

[30] Evans, D. S. , M. D. Noel. The Analysis of Mergers that Involve Multisided Platform Businesses [J]. Journal of Competition Law and Economics, 2008, 4 (3): 663 – 695.

[31] Evans, D. S. , R. Schmalensee. The Industrial Organization of Markets with Two-Sided Platforms [J]. Competition Policy International, 2007, 13 (1): 149 – 179.

[32] Evans, D. S. The Antitrust Economics of Multi-Sided Platform Markets [J]. Yale Journal on Regulation, 2003, 20 (2): 325 – 382.

[33] Farrell, J. , Katz, M. L. The Economics of Welfare Standards in Antitrust [J]. Competition Policy International, 2006 (2).

[34] Farrell, J. , Shapiro, C. Horizontal Mergers: An Equilibrium Analysis [J]. American Economic Review, 1990 (80).

[35] Filistrucchi, L. , Geradin, D. , Damme, E. , Affeldt, P. Market Definition in Two-Sided Markets: Theory and Practice [R]. TILEC Discussion Paper, 2013.

[36] Fridolfsson, Sven-Olof. A Consumer Surplus Defense in Merger Control. IFN Working Paper. No. 686, 2007.

[37] Froeb, L. M. , Tschantz, S. , Werden, G. J. Pass-through Rates and the Price Effects of Mergers [J]. International Journal of Industrial Organization, 2005 (23).

[38] Gandhi, A. , Froeb, L. , Tschantz, S. , Werden G. J. Post-Merger Product Repositioning [J]. The Journal of Industrial Economics, 2008 (56).

[39] Ganslandt, M. , P. – J. Norback. Do mergers result in collusion. Working paper 621. IUI, Stockholm, 2004.

[40] Gonzalez, A. Divestitures and the Screening of Efficiency Gains in Merger Control. Available at: http: //www. econ. uchile. cl/SDT, 2007.

［41］Gowrisankaran, G. A Dynamic Model of Endogenous Horizontal Mergers ［J］. The RAND Journal of Economics, 1999 （30）.

［42］Gowrisankaran, G. , Holmes, T. J. Mergers and the Evolution of Industry Concentration: Results from the Dominant-Firm Model ［J］. The RAND Journal of Economics, 2004 （35）.

［43］Heyer, K. Welfare Standards and Merger Analysis: Why Not the Best? Competition Policy International, 2006 （8）: 146 – 172.

［44］Horn, H. , Wolinsky, A. Bilateral Monopolies and Incentives for Merger ［J］. The RAND Journal of Economics, 1988 （19）.

［45］Huck, S. , Konrad, Kai A. , Müller, W. Big Fish Eat Small Fish: On Merger in Stackelberg Markets ［J］. Ecomomics Letters, 2001 （73）.

［46］Inders, D. , Wey, C. Bargaining, Mergers, and Technology Choice in Bilaterally Oligopolistic Industries ［J］. The RAND Journal of Economics, 2003 （34）.

［47］Ivaldi et al. The Economics of Tacit Collusion. Available at: http: //citeseerx. ist. psu. edu/viewdoc/download? doi = 10. 1. 1. 123. 7512& rep = rep1 &type = pdf, 2003.

［48］Johan, N. M. , Paul, H. On the Desirability of an Efficiency Defense in Merger Control ［J］. International Journal of Industrial Organization, 2005, 23 （4）: 803 – 827.

［49］Kaplow, L. , C. Shapiro. Antitrust. Handbook of Law & Economics, 2007 （2）.

［50］Krueger, A. Q. The Political Economy of the Rent-seeking Society ［J］. American Economic Review, 1974, 64 （3）.

［51］Kuhn, K. U. Fighting Collusion by Regulating Competition between Frms ［J］. Economic Policy, 2001, 32: 169 – 197.

［52］Kühn, K. U. The coordinated effects of mergers in differentiated products market. Available at: http: //law. bepress. com/umichlwps/olin/art34,

2004.

[53] Kühn, K. U. The Coordinated Effects of Mergers. In: Handbook of Antitrust. In Handbook of Antitrust Economics. Cambridge: MIT Press, 2007.

[54] Kuhn, K. U. The Coordinated Effects of Mergers in Differentiated Products Markets. CEPR discussion paper, No. 4769 – 2004.

[55] Lee Chang-Yang. A New Perspective on Industry R&D and Market Structure [J]. The Journal of Industrial Economics, 2005, 53 (1).

[56] Leibenstein, H. Allocative Efficiency vs. X-Efficiency [J]. American Economic Review, 1966 (56).

[57] Leonello, A. Horizontal Mergers in Two-Sided Markets [R]. Working Paper, 2010.

[58] Levy, D. T. , Reitzes, J. D. Anticompetitive Effects of Mergers in Markets with Localized Competition [J]. Journal of Law, Economics, & Organization, 1992 (8): 427 – 440.

[59] Mailath, G. J. , Zemsky, P. Collusion in Second Price Auction with Heterogeneous Bidders [J]. Games and Economic Behavior, 1991 (3).

[60] Marc Escrihuela-Villar. Partial Coordination and Mergers among Quantity-setting Firms [J]. International Journal of Industrial Organization, 2007, 26 (3): 803 – 810.

[61] Mark Armstrong, Robert H. Porter. Handbook of Industrial Organization [M]. Netherlands, 2007.

[62] McAfee, R. P. , Williams, M. A. Horizontal Mergers and Antitrust Policy [J]. The Journal of Industrial Economics, 1992, 40 (40): 181 – 187.

[63] Motta, M. , Polo, M. , Vasconcelos, H. Merger Remedies in the European Union: An Overview [J]. The Antitrust Bulletin, 2007, 52 (3 – 4): 603 – 631.

[64] Neven, D. J. , Roller, L. H. Consumer Surplus vs. Welfare Stand-

ard in a Political Economy Model of Merger Control [J]. International Journal of Industrial Organization, 2005, 23 (9 – 10): 829 – 848.

[65] Nilssen, T., Sorgard, L. Sequential Horizontal Mergers [J]. European Economic Review, 1998 (42).

[66] Norman, G., Pepallt, L. Profitable Mergers in a Cournot Model of Spatial Competition [J]. Southern Economic Journal, 2000, 66 (3): 667 – 681.

[67] O'Brien, D. P., Shaffer, G. Bargaining, Bundling, and Clout: The Portfolio Effects of Horizontal Mergers [J]. The RAND Journal of Economics, 2005 (36).

[68] Paolo Buccirossi. Handbook of Antitrust Economics [M]. Cambridge: MIT Press, 2008.

[69] Parker, R. G., Balto, D. A. The Evolving Approach to Merger Remedies [C]. Antitrust Report, 2000 (2).

[70] Patrick A. McNutt. Law, Economics and Antitrust: Toward a New Perspective [M]. Cheltenham: Edward Elgar, 2005.

[71] Perry, M. K., Porter, R. H. Oligopoly and the Incentive for Horizontal Merger [J]. American Economic Review, 1985, 75 (1): 219 – 227.

[72] Pittman, R. Consumer Surplus as the Appropriate Standard for Antitrust Enforcement. Available at: http://lawprofessors. typepad. com/antitrustprof_blog/files/consumersurplus. doc, 2008.

[73] Przemyslaw Jeziorski, Effects of Mergers in Two-Sided Markets: The US Radio Industry [J]. American Economic Journal Microeconomics, 2014, 6 (4): 35 – 73.

[74] Raskovich, A. Pivotal Buyers and Bargaining Position [J]. The Journal of Industrial Economics, 2003 (51).

[75] Rochet, J., J. Tirole. Two-sided Markets: An Overview, Mimeo,

IDEI [J]. University of Toulouse Working Paper, 2004: 429 – 436.

[76] Rochet, Tirole. Two-Sided Markets: A Progress Report [J]. The RAND Journal of Economics, 2006, 37 (3): 645 – 667.

[77] Rothschild, R. Cartel Stability When Costs Are Heterogeneous [J]. International Journal of Industrial Organization, 1999, 17 (5): 717 – 734.

[78] Salant, S. W. , Switzer, S. , Reynolds, R. J. Losses from Horizontal Merger: The Effects of an Exogenous Change in Industry Structure on Cournot-Nash Equilibrium [J]. Quarterly Journal of Economics, 1983, 98 (2): 185 – 199.

[79] Shapiro, C. Mergers with Differentiated Products [J]. Antitrust, 1996, 10 (2).

[80] Spector, D. Horizontal Mergers, Entry, and Efficiency Defenses [J]. International Journal of Industrial Organization, 2003 (21).

[81] Stephen, P. , Charles, F. M. On the Welfare Effects of Mergers: Short Run vs Long Run [J]. The Quarterly Review of Economics and Finance, 1998 (38).

[82] Tschantz, S. , Crooke, P. , Froeb. L. Mergers in Sealed versus Oral Auctions [J]. International Journal of the Economics of Business, 2000 (7).

[83] Tullock, G. The Welfare Costs of Tariffs, Monopolies, and Theft [J]. Western Economic Journal. 1967, 5 (3).

[84] United States v. First Data Corp, http: //www. justice. gov/atr/cases/first0. htm, 2014 – 04 – 15.

[85] Vasconcelos, H. Tacit Collusion, Cost Asymmetries, and Mergers [J]. The RAND Journal of Economics, 2005, 36 (1): 39 – 62.

[86] Vergé T. Cournot Oligopoly with Assets and Applications to Merger Control [R]. Available at http: //83. 145. 66. 219/ckfinder/userfiles/files/

pageperso/tverge/Remedies070323. pdf, 2007.

[87] Vergé, T. Horizontal Mergers, Structural Remedies and Consumer Welefare in a Cournot Oligopoly with Assets [J]. The journal of industrial economics, 2010, 58: 723 – 741.

[88] Vistnes, G. Hospitals, Mergers, and Two-Stage competition [J]. Antitrust Law Journal, 2000 (67).

[89] Vives, X. Private Information, Strategic Behavior, and Efficiency in Cournot Markets [J]. The RAND Journal of Economics, 2002 (33).

[90] Vossen, R. W. Market Power, Industrial Concentration and Innovative Activity [J]. Review of Industrial Organization, 1999 (15).

[91] Waehrer, K. , Perry, M. K. The Effects of Mergers in Open-Auction Markets [J]. The RAND Journal of Economics, 2003 (34).

[92] Werden, G. J. A Robust Test for Consumer Welfare Enhancing Mergers among Sellers of Differentiated Products [J]. The Journal of Industrial Economics, 1996, 44 (4).

[93] Werden, G. J. , Froeb, L. M. The Effects of Mergers in Differentiated Products Industries: Logit Demand and Merger Policy [J]. Journal of Law, Economics, & Organization, 1994 (10).

[94] Werden, G. J. , Froeb, L. M. The Entry-Inducing Effects of Horizontal Mergers: An Exploratory Analysis [J]. The Journal of Industrial Economics, 1998 (46).

[95] 白雪, 林平, 臧旭恒. 横向合并控制中的资产剥离问题——基于古诺竞争的分析 [J]. 中国工业经济, 2012 (1): 90 – 100.

[96] 程贵孙等. 具有双边市场特征的电视媒体平台竞争模型 [J]. 系统管理学报, 2009 (1): 1 – 6.

[97] 胡林香. 反垄断法中相关市场界定研究 [D]. 江西财经大学, 2010.

[98] 胡义东, 钟德强, 仲伟俊. 异质产品供应链定价控制权与零

售商横向兼并效应分析 [J]. 管理工程学报, 2006 (4).

[99] 化冰, 陈宏民, 翁轶丛. 差异厂商横向兼并的长期效应分析 [J]. 管理工程学报, 2003 (2).

[100] 黄坤. 并购审查中相关市场界定的方法研究——临界损失分析的框架、拓展和新思路 [J]. 财经论丛, 2014 (8): 78–86.

[101] 黄岩. 双边市场条件下相关市场的界定——以双边市场分类为视角 [J]. 经济法论丛, 2013 (45): 109–130.

[102] 李新义, 王浩瀚, 双边市场横向兼并的定价及福利研究——以中国网络传媒业为例 [J]. 财经研究, 2010 (1): 27–33.

[103] 林平, 刘丰波. 双边市场中相关市场界定研究最新进展与判例评析 [J]. 财经问题研究, 2014 (6): 22–30.

[104] 刘莉, 钟德强, 刘辉, 罗定提. 异质产品 Bertrand 寡头竞争企业分散授权横向兼并效应分析 [J]. 系统工程, 2008 (2).

[105] 刘莉, 钟德强. 合约可观察性与异质产品横向兼并效应 [J]. 软科学, 2006 (5).

[106] 吕明瑜. 网络产业中相关市场界定所面临的新问题 [J]. 政法论丛, 2011 (5): 52–54.

[107] 马姣. 我国网络视频行业横向兼并的福利分析 [D]. 东北财经大学, 2013.

[108] 马西莫·莫塔. 竞争政策——理论与实践 [M]. 上海: 上海财经大学出版社, 2006.

[109] 缪文燕. 论双边市场条件下相关市场界定的困境及出路 [D]. 山东大学, 2014.

[110] 潘鹏杰, 周方召, 张曦. 外资并购反垄断审查中的信息与合谋 [J]. 经济体制改革, 2011 (2).

[111] 佘娟娟. 论反垄断法中相关市场的界定 [D]. 北方工业大学, 2012.

[112] 时建中, 王伟炜.《反垄断法》中相关市场的含义及其界定

[J]. 重庆社会科学, 2009 (4): 59-63.

[113] 斯蒂芬·马丁著. 高级产业经济学 [M]. 上海: 上海财经大学出版社, 2003.

[114] 王国才. 基于 Salop 模型的网络企业横向并购研究 [J]. 系统工程学报, 2009 (3): 343-349.

[115] 王为农, 许小凡. 大型零售业滥用优势地位的反垄断规制问题研究 [J]. 浙江大学学报, 2011 (5): 145-150.

[116] 王燕、李文. 基于多重委托—代理关系的规制俘虏模型研究 [J], 北京交通大学学报 (社科版), 2007 (4): 7-13.

[117] 威廉姆森著. 反托拉斯经济学——兼并、协约和策略行为 [M]. 北京: 经济科学出版社, 1999.

[118] 翁轶丛等, 基于网络外部性的企业横向兼并研究 [J]. 系统工程学报, 2003 (2): 13-18.

[119] 吴绪亮. 反垄断法中的相关市场界定问题研究 [J]. 中国物价, 2013 (6): 16-22.

[120] 谢骞. 双边市场下的反垄断法相关市场界定研究 [D]. 中国政法大学, 2012.

[121] 熊彼特. 资本主义、社会主义与民主 [M]. 上海: 商务印书馆, 1979.

[122] 张皓英. 论反垄断法中相关市场界定 [D]. 对外经济贸易大学, 2006.

[123] 张素伦. 互联网服务的市场支配地位认定 [J]. 河北法学, 2013 (3): 172-176.

[124] 张曦. 古诺市场上的资产剥离措施有效吗?——成本不对称视角 [J]. 南开经济研究, 2016 (3): 21-51.

[125] 张曦. 横向兼并的反垄断分析 [M]. 北京: 中国财政经济出版社, 2016.

[126] 张曦, 周方召. 资产剥离的合意性: 基于消费者福利标准的

分析 [J]. 财经研究, 2010 (12): 105-115.

[127] 张曦. 双边市场横向兼并的福利效应研究 [J]. 商业研究, 2016 (3): 51-58.

[128] 张曦. 部分合谋市场上横向兼并的协调效应——基于 Cournot 模型的分析 [J]. 哈尔滨商业大学学报 (社会科学版), 2013 (1): 42-47.

[129] 张曦. 成本不对称、横向兼并与部分默契合谋 [J]. 商业研究, 2015 (11): 63-73.

[130] 张曦. 效率抗辩、反垄断审查标准与信息质量 [J]. 商业研究, 2011 (8): 56-61.

[131] 郑江梅. 双边市场下反垄断法相关市场界定研究 [D]. 湖南大学, 2014.

[132] 钟德强, 仲伟俊. Bertrand 竞争下异质产品企业委托授权与横向兼并效应分析 [J]. 系统工程理论与实践, 2005 (10).

[133] 周正. 基于双边市场理论的电子商务平台竞争规制研究 [M]. 北京: 中国财政经济出版社, 2015.

后　记

　　可口可乐并购汇源果汁案的反垄断审查结果所引发的业界和学界争议表明，一方面，《反垄断法》本身以及相应的配套实施细则的粗线条甚至是原则性条款规定使得依据《反垄断法》对横向兼并进行反垄断审查面临极大的挑战；另一方面，对横向兼并可能产生的反竞争效应的理论研究有待进一步深化，为反垄断实践提供可靠的理论指导，加强对横向兼并的反垄断研究是《反垄断法》顺利实施的迫切现实需求。

　　横向兼并涉及不同的利益相关者，各方的利益诉求和关注重点各不相同，为了更好地为反垄断实践提供有可操作性的理论指导，不宜从单一主体的视角进行静态研究，而应从博弈的视角考察横向兼并的反竞争效应及反垄断规制。受制于理论模型推演的解的可获得性，借助于MATLAB仿真技术进行特定情形下的模拟分析，在一定程度上可以得出有重要参考价值的研究结论。基于以上考虑，借助新古典经济学的古诺模型和MATLAB工具，本书从博弈的视角对横向兼并中的反竞争效应及反垄断规制的若干重要基本理论问题进行了分析，试图对相关文献提供有益的补充，为反垄断实践提供有价值的参考。但考虑到本书的研究缺少实证的检验，研究结论是否真实可靠仍有待于后续研究予以证实，这将是我下一步努力的重要方向。

　　本书的顺利出版要感谢国家社科基金的资助！感谢哈尔滨商业大学为我提供的宽松环境！感谢经济科学出版社李雪女士的辛勤付出！

　　最后，谨以此书献给我的妻儿。是你们赋予了我不断前行的动力！

张　曦

2017 年 8 月